AF356267

OCTAVE MIRBEAU

Des artistes

DEUXIÈME SÉRIE

Peintres, Sculpteurs et Musiciens

CLAUDE MONET — CAMILLE PISSARO
VINCENT VAN GOGH — AUGUSTE RODIN — CÉSAR FRANCK
GOUNOD — FRANZ SERVAIS
L'OPÉRA — L'OPÉRETTE

PARIS

ERNEST FLAMMARION, ÉDITEUR

26, Rue Racine, 26

Des artistes

Il a été tiré de cet ouvrage :
vingt exemplaires sur papier de Hollande,
numérotés de 1 à 20,
et quarante exemplaires sur papier du Marais,
numérotés de 21 à 60

EXEMPLAIRE N° 46

ŒUVRES D'OCTAVE MIRBEAU

Chez le même éditeur :

LA PIPE DE CIDRE.

LA VACHE TACHETÉE.

CHEZ L'ILLUSTRE ÉCRIVAIN.

UN GENTILHOMME.

DES ARTISTES (1re série, 1885-1896).

CONTES DE LA CHAUMIÈRE.

THÉATRE, tome Ier : VIEUX MÉNAGE. — LES AFFAIRES SONT LES AFFAIRES. — L'ÉPIDÉMIE.

THÉATRE, tome II : INTERVIEW. — LE PORTEFEUILLE. — LES MAUVAIS BERGERS. — SCRUPULES.

THÉATRE, tome III : LE FOYER. — LES AMANTS.

OCTAVE MIRBEAU

Des artistes

DEUXIÈME SÉRIE

PEINTRES ET SCULPTEURS
1897-1912

MUSICIENS
1884-1902

CLAUDE MONET, CAMILLE PISSARO
VINCENT VAN GOGH, AUGUSTE RODIN, CÉSAR FRANCK
GOUNOD, FRANZ SERVAIS
L'OPÉRA - L'OPÉRETTE

PARIS

ERNEST FLAMMARION, ÉDITEUR
26, RUE RACINE, 26

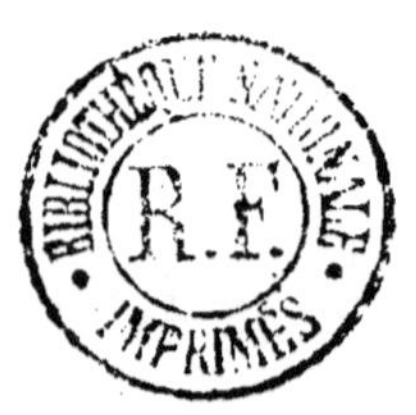

Des artistes

CHOSES PARISIENNES

On discute fort, en ce moment, l'emplacement que devra occuper, l'année prochaine et les années subséquentes, le Salon de peinture. Chacun propose son idée et il y en a, dans le nombre, d'admirables. Les uns voudraient qu'on couvrît de verre la place Vendôme, et qu'on l'aménageât en salles d'exposition. Mais Napoléon s'y refuse. Les autres réclament la place du Carrousel. Mais Gambetta s'y oppose. D'autres encore projettent de boucher la perspective des Tuileries par d'immenses baraquements. Il y en a même qui ne craignent point de troubler de leurs disputes le silence provincial du Palais-Royal et le calme gothique du Parvis-Notre-Dame. Quelques-uns offrirent de mener jusqu'au rond-point des Bergères les blancs moutons de leur inspiration.

— Pourquoi n'exposerions-nous pas dans les égouts ? dit celui-ci. Les égouts sont à la mode. On y joue du Beethoven... On pourrait bien y accrocher du Bouguereau, ce semble...

—Et la Cour des Comptes ? suggère un naturiste... Quel plus beau cadre à l'art contemporain ? Et pas besoin d'orchestre !... Il y en a un gratuit et charmant, donné, chaque jour, par les oiseaux !... Et, pour les expositions du soir, où trouver un plus splendide luminaire que celui de la Lune, parmi les frondaisons ?

Bref, on ne s'entend guère.

Je causais de ces choses fort importantes, et vitales, si j'ose dire, avec un habitant du quartier des Champs-Elysées... Un peu gâteux, certes, mais si aimable et tellement préhistorique ! C'est un vrai Parisien... Un de ces vieux Parisiens, vous savez, comme il n'y en a plus guère à Paris, depuis la disparition du Gymnase, de feu Victor Koning. Et je lui disais :

— On a pensé à tout, sauf à la seule chose qui serait, à mon avis, logique et pratique : la suppression totale du Salon.

Le vrai Parisien sursauta :

— Vous n'y songez pas, dites ?...

— Je ne songe qu'à cela.

— C'est un de ces paradoxes...

— Pas du tout...

Il se planta devant moi, et, d'un air triomphal, il me lança au visage cette objection :

— Et le Vernissage ?

— Eh bien, il n'y aurait plus de Vernissage !

Jamais je ne vis tant d'étonnement dans le regard d'un homme.

— Comment? plus de Vernissage !... Mais c'est de la folie !... Mais c'est impossible !... Autant dire tout de suite qu'il n'y aurait plus de Paris !... Alors, c'est ça !... Supprimons Paris, pendant que nous y sommes.

Cette idée qu'un jour arriverait, qu'un jour pourrait arriver, où il n'y aurait plus de Vernissage, le mettait hors de soi. Cela lui apparaissait aussi chimérique, scandaleux, fou et lointain que la fin du monde. Un tel avenir, il se refusait même à le croire, par l'excès de son absurdité. Autant concevoir que les hommes, bientôt, marcheraient sur la tête. Son âme éprouvait d'étranges impressions cosmogoniques. Les astres, les arbres, les maisons, les montagnes, les fleuves, les mers, tout cela lui paraissait lié l'un à l'autre, par un lien unique, qui en assurait l'équilibre. Et ce lien, c'était le Vernissage. Le lien rompu, tout croulait. L'univers s'abîmait dans un effroyable néant.

Le vrai Parisien s'épongea le front qu'une sueur soudaine — lui qui ne suait jamais — inonda. Puis, il me prit le bras. Et avec une voix très douce, très caressante, il s'efforça de m'amadouer, comme si j'eusse été véritablement le maître de ces choses redoutables, le dispensateur de ces cataclysmes planétaires, qu'il entrevoyait vaguement.

— Voyons, me dit-il, je ne suis pas, moi, une

brute, un homme tout d'une pièce. Et je comprends la vie. La peinture, la gravure, et même l'architecture... La sculpture aussi, tenez... je m'en moque ! Je ne verrais aucun inconvénient à leur disparition. Oui, mais ne touchons pas au Vernissage ! Le Vernissage, pensez donc ! Le Ver-nis-sa-ge, c'est une des seules choses, c'est même, avec les premières de Sardou, la seule chose vraiment parisienne qui nous reste... C'est par là que, tous les ans, au mois d'avril, je me sens redevenir encore un vrai Parisien !... Si vous m'enlevez ça, alors, quoi ? Je n'ai plus qu'à me retirer de la circulation, qu'à m'en aller planter mes choux au bout du monde... là-bas... là-bas... à Saint-Germain... à Chatou...

Et, dans son regard, je vis des reculs de paysages lointains, des mers et des mers, des paquebots et des ports... et des forêts vierges et des plaines que ne foulèrent jamais les pas d'aucun être humain... Ville-d'Avray, enfin !

Je m'amusai à l'exciter.

— Pourtant ! vous devez bien admettre que les choses changent... Elles ne sont faites que pour cela... C'est ce que nous appelons l'Evolution... Les modes se transforment incessamment... Vos chapeaux, vos redingotes subissent de continuelles modifications... L'ingénuité de Mlle Reichenberg se périme, que les abonnés de la Comédie croyaient éternelle... Bignon, le Café Anglais, Roqueplan, Claudin disparaissent, font place à d'autres cafés,

à d'autres fantoches de café... Et vous voudriez que
le Vernissage restât toujours ce qu'il fut, ce qu'il
est !... Mais, mon cher, rien ne demeure. Il n'y a
que Sarah Bernhardt qui soit éternelle, comme la
poésie.

— Et le Vernissage comme le snobisme ! déclara
avec force le vieux Parisien qui s'était ressaisi,
et que rien, désormais, ne pouvait plus convaincre.

Puis, il confessa :

— Je ne suis pas un esprit rétrograde. Ne
croyez pas que ma conception de la vie en soit
restée à la Barucci... à Adèle Courtois... à Mar-
kowski !... Non. Je suis de mon temps, parbleu ! et je
marche avec lui !... Tenez, par exemple, le
Louvre !...Eh bien, j'admettrais, à la rigueur, qu'on
démolît le Louvre ou qu'on le désaffectât... qu'on en
fît... je ne sais pas, moi... une piste pour le Concours
hippique... un vélodrome... quelque chose enfin
de bien contemporain... de bien parisiennement
contemporain !... Oui... Hé ! mon Dieu ! je comprends la nécessité du progrès, la marche en avant
des idées... la modernité, quoi ! Et je suis tellement moderne, que jamais, vous entendez bien,
jamais, je n'ai mis le pied au Louvre !... Par là,
votre bonne foi reconnaîtra que je n'ai pas d'intran-
sigeance artistique !... Je ne suis pas davantage,
comme bien des gens, un encroûté... ce qu'on
appelle une vieille baderne... l'éternel contempteur
du temps présent, comme disait, ou à peu près,
Horace... Et je vais vous en donner la preuve...

Je fus le premier à croire à l'automobilisme, et à
m'en servir !... Ah !...

— Ça, c'est bien, approuvai-je.

— N'est-ce pas, que c'est bien ?... Et ça dégotte
M. Thiers, qui ne croyait pas à l'avenir des chemins de fer, tandis que moi, tout de suite, j'ai cru
à celui des automobiles !... Mais c'est évident ! Et
puis, quoi !... Vous me citez Mlle Reichenberg et
son ingénuité !... Sans doute, c'est triste... Mais
ça se remplace, les ingénuités de théâtre... Il y
en a d'autres... Ça ne manque jamais !... Tandis
que le Vernissage ! le Ver-nis-sa ge !... il n'y en a
qu'un !... Si vous le supprimez, alors, moi, qu'est-
ce que je deviens ?... Où est ma raison d'être de
vrai Parisien ?... Il faudra donc que j'aille retrouver, dans les cafés de l'au-delà, Claudin, Roqueplan, Aubryet ?... Il faudra...

— Et pour aller plus vite, dis-je en l'interrom-
pant, vous prendrez le nouveau tramway des
Champs-Elysées ?

A ce mot, le vrai Parisien, bien que goutteux,
bondit sur le trottoir, comme les jeunes chevreaux
de la Bible sur les collines de la vallée d'Hébron.
Son visage s'empourpra de colère, et, d'une voix
haletante :

— Eh bien ! parlons-en de ce tramway !... cria-
t-il. Parlons-en !... Car le scandale, le crime, le
sacrilège de ce temps sans pudeur et sans foi, le
voilà !... La voilà, la tache, la tache infâme dont

rien, jamais, ne lavera ce siècle, cette fin de siècle
abominable et sans parisianisme !... Un tramway
dans les Champs-Elysées !... Un tramway dans nos
plaisirs, dans nos élégances, dans notre beauté !...
Mais c'est l'excrément dans le saint ciboire
à la place de l'hostie !... C'est quelque chose de
pire encore !... Concevoir cette chose inconcevable : Rose Demay ou Léonie des Glaïeuls s'en-
levant, parmi les fiacres et les locatis, dans la
gloire de leurs chapeaux et de leur sourire, sur le
fond de ce tramway !... Est-ce que c'est possible ?...
Le cercleux dans son coupé du cercle à trois francs
l'heure... le bookmaker dans son automobile... la
petite cocotte dans son buggy... la noce dans ses
landaus de louage, obligés — suprême outrage !
— de se heurter à ce tramway vil ?... Et comment
ferons-nous maintenant pour recevoir chez nous
les souverains étrangers et les rois nègres ? Ose-
rons-nous leur imposer la vue révolutionnaire,
anarchique, régicide, de ce tramway ?... Un tramway dans les Champs-Elysées !... Alors, pourquoi pas, tout de suite, les convois de gadoues,
les tombereaux des ordures urbaines ? Soyons
logiques !... Allons jusqu'au bout de l'idée édili-
taire !... Je demande que, désormais, au retour
des courses, les voitures de la Compagnie Richer
défilent, par ordre, tout le long de l'avenue !...

Il était à bout de souffle... Cependant, il put
encore murmurer :

— Heureux Claudin !... Heureux Roqueplan à

qui fut épargnée la douleur non pareille d'avoir assisté à ce vandalisme !...

Il dit encore... mais sa voix était faible... elle avait comme un son lointain d'au-delà :

— Plus de Vernissage peut-être !... Un tramway dans les Champs-Elysées!... Je n'ai plus rien à faire ici... je m'en vais... dans un autre café !

Et avant que j'eusse pu arrêter son bras homicide, ayant vivement tiré un revolver de sa poche, le vrai Parisien se brûla la cervelle, stoïquement, devant moi.

On l'enterrait hier. M. Quentin-Bauchart et M. Bois-Glavy prononcèrent d'éloquents discours sur sa tombe, à peine fermée...

Méditons !

(Le Journal, 18 avril 1897.)

KARISTE PARLE

I

La première personne que je vis en entrant, vendredi, au Salon du Champ de Mars, ce fut Kariste. Il était auprès du monument de Victor Hugo. Avec de grands gestes, avec des paroles ardentes et précipitées, il commentait son enthousiasme à des groupes de visiteurs qu'il ne connaissait pas.

Kariste s'est trompé sur soi-même. Ce n'est ni un peintre ni un critique : c'est un prophète. Il en a le geste emporté et l'éloquence vocératrice.

Dès qu'il m'eut aperçu, il vint à moi.

— Nom d'un chien !... fit-il. Hein ? Crois-tu que c'est beau ?... Crois-tu que c'est un grand bonhomme, ce Rodin ?... Et, tu sais, ils n'ont pas l'air de se douter que c'est une date dans l'histoire de la sculpture... que c'est quelque chose de formidable... une conquête de l'élément... et que les doigts qui ont pétri dans la matière cette Force

et cette Beauté ont arraché à la nature une création ?... Non, mais regarde-moi ces gens-là... et
leurs yeux ronds qui ne voient rien, et leurs bouches
béantes où nulle parole n'arrive... et l'angoisse
de leur pauvre cerveau ! Est-ce vraiment aussi
beau qu'on le dit ?... Pourquoi est-ce beau ?...
En quoi est-ce beau ?... Ah ! ils voudraient bien
le savoir !... Comme si on expliquait à des âmes
qui ne la sentent pas ce que c'est que la Beauté !...
Te rappelles-tu l'année dernière, cette figure que
Rodin exposa seule, dans le salon bleu, là-haut ?...

Et Kariste me montrait la Muse ardente, violente, inspiratrice qui domine la composition et
dont le bras dessine un geste qui donne une si
étonnante échancrure de lumière, dans le bloc du
monument.

— Tu te rappelles, hein ? Tu te rappelles que
nous fûmes les seuls — les seuls, ah ! il faut le
dire — à nous extasier devant ce morceau
unique, ébouriffant de modelé, de mouvement et
de couleur ? Toute la critique défila devant et ne
s'arrêta point. Tu te rappelles ? Elle crut que Rodin,
pressé de réunir son exposition, avait mis là un
plâtre quelconque, ébauche vague, informe esquisse
et qui ne comptait pas... pour faire nombre. Car,
c'est cela, elle crut que c'était une ébauche, la critique... Tu te rappelles ?... Et que pouvait-elle croire
de mieux ou de pire, en effet ? On ne lui avait
rien dit encore !... On ne lui avait pas expliqué
pourquoi ce plâtre était, tout simplement, une des

plus grandes créations, une des plus géniales œuvres sorties du cerveau d'un artiste !... Alors, elle n'en souffla mot... il faut être indulgent aux erreurs des grands hommes, car la critique est bonne Et puis surtout, quand on exerce un sacerdoce de cette importance, il ne faut pas se tromper... car elle est prudente, aussi !... Et, pour ne pas se tromper... le mieux est de se taire... Donc elle se tut et fit un succès colossal et municipal au monument funéraire de M. Bartholomé... Beau monument, d'ailleurs !... Et si sentimental, et si littéraire et si crématoire, et si lacrymatoire ! Tu te rappelles ?... Oui ? eh bien ! aujourd'hui, il n'y a plus de Bartholomé... il n'y a plus rien... il n'y a plus que Rodin !... Que s'est-il passé dans l'intervalle d'une année ! Il s'est passé une année... voilà tout !... On a causé entre soi... l'opinion s'est établie... Et quoiqu'il n'y ait rien de changé à cette Muse, d'ébauche vague qu'elle était l'année dernière, elle est devenue, cette année, chef-d'œuvre définitif... Et on peut l'admirer maintenant, hardiment !... Merveilleuse institution, hein ? Et comme elle est d'ensemble avec le suffrage universel, la Bodinière, et les conférences de M. Gaston Deschamps !

Et Kariste, après un court silence, ajouta :

— Et tu sais... On lui mettrait, pour la première fois, sous les yeux, à la critique, la *Victoire de Samothrace*... ou le buste de Démosthènes... ou le Parthénon tout entier... et tout ce que tu voudras... que ce serait kif-kif, mon pauvre vieux !

A ce moment, quelqu'un, dans un groupe, prononça gravement et doctoralement :

— C'est très beau, en effet, ce projet de monument à Victor Hugo. Mais, ce n'est qu'un projet. Il faut attendre !... il faut le voir quand il sera fini... mais comme maquette...

Alors, Kariste, furieux, m'entraînant :

— Tu entends !... Qu'est-ce que je te disais ?... C'est un projet !... il croit que c'est une maquette, cet homme !... Avoir ce drame sous les yeux... ce poème grandiose de vie... et ce métier déconcertant. Oui, ce métier dont personne jamais n'atteignit l'impeccable et suprême perfection !... voir cela et dire : « C'est une maquette !... » Tiens... allons-nous-en !... nous reviendrons ici, quand il y aura un peu de silence autour de cette sublime œuvre !

Et nous essayons de nous faire un passage, de nous ouvrir une trouée à travers la foule qui, de minute en minute, grossit, grossit toujours.

Impossible de ne rien voir d'autre que cette foule qui ne voit rien et ne se voit pas elle-même. Des milliers d'êtres humains interposent l'opacité de leurs corps et de leur esprit entre les statues et nous, et nous empêchent d'approcher d'un buste et d'un bas-relief qu'à leur style haut et pur nous reconnaissons de loin pour être de ce grand et bon Constantin Meunier, qui, tant de fois, nous fit passer dans les moelles le frisson de la Beauté !... Avançons, nous reviendrons demain... Il est des choses qu'il ne faut voir que dans le silence...

Nous gagnons l'escalier et la galerie circulaire, moins encombrée de foule, où l'on peut examiner, çà et là, parmi des choses bien inutiles et bien laides, quelques jolies verreries, quelques curieuses céramiques, quelques vitrines de bibelots.

*
* *

Nous nous arrêtons devant une fontaine de grès puissamment modelée par Aliou, émaillée et cuite par Bigot. Elle est fort belle. C'est un énorme crapaud qui descend une roche à pic en s'accrochant de ses pattes flasques et pustuleuses aux aspérités.

— Retiens bien ce nom-là : Alexandre Bigot, me dit Kariste... Je le connais... C'est un homme !... Il nous donnera des choses merveilleuses... Dans cet art fugace, difficile, pas encore très bien connu qu'est la céramique, il faut, pour y valoir quelque chose, être non seulement un artiste, mais un géologue et un chimiste. Et M. Bigot est tout cela. Il est aussi un observateur très scrupuleux de la magie du feu. Le feu est un pétrisseur indompté, un enlumineur admirablement fantaisiste de la matière. Il n'obéit qu'à des rythmes connus de lui seul. Le bon céramiste est celui qui sait profiter des hasards du feu, sélectionner avec intelligence ses pièces, dans une journée, et faire de l'imprévu non seulement une

conquête, mais une loi. Il faut attendre beaucoup
de M. Bigot qui est un analyste subtil, un chercheur hardi et patient, un savant manipulateur de
métaux... Il n'y a que très peu de temps qu'il
s'est voué à cet art féerique, et, déjà, il y est un
maître. Depuis Carriès aucun n'avait produit une
pièce comme cette fontaine. Et même Carriès n'en
produisit pas une aussi parfaite... car elle est parfaite... Regarde comme le ton de l'émail en est
mat... comme il est souple et doux aussi ! Pas un
luisant, malgré le grenu de la peau du crapaud,
bien faite pourtant pour accrocher et retenir la
lumière. Et quelle idée charmante que ces gouttes
ruisselantes d'émail vert qui roulent sur tout le
corps de la bête, comme si elle sortait de l'eau
d'une source ! Tu sais, cela c'est une belle chose...
Et il faut aimer l'homme qui arrive à dompter, au
profit d'une œuvre d'art, la matière, et l'élément,
ces subtils démons !...

Une subite poussée de la foule nous éloigna de
la fontaine, et, malgré nous, nous entrâmes dans
les salles de peinture, où c'était comme un flot
déferlant, comme un raz-de marée humaine.

***

Je n'essayai même pas de regarder aux murs.
Nous n'avions, Kariste et moi, qu'une préoccupation : sortir de cette foule, trouver une issue par
où disparaître. Nous étouffions. Mon ami, beau-

coup plus petit que moi, était perdu, noyé dans les vagues roses, jaunes, vertes des robes de femmes. A peine si, parmi les rumeurs, je pouvais entendre sa voix théoricienne et cinglante, qui continuait d'esthétiser et de lancer des lamentations prophétiques. Enfin, portés et conduits par la foule, nous arrivâmes dans le salon bleu où un peu moins de poussée humaine nous permit de respirer.

— Non, mais, est-ce vrai, ce que je dis ? me demanda Kariste, qui s'imaginait que je n'avais pu suivre le fil capricant et mille fois rompu de ses monologues.

— Certes ! approuvai-je, pour ne pas le désobliger... Tu as toujours raison, mon ami.

Il allait repartir de plus belle, quand tout à coup, devant un tout petit bronze, il s'arrêta net, l'œil étrangement fixe, la bouche frémissante, les narines dilatées et toutes rondes, comme pour humer un délicieux parfum. Le petit bronze représentait un peintre, en veston, la cravate lâche, sa palette dans une main, dans l'autre, la brosse prête à donner la touche sur la toile invisible ; et tout le corps, un peu renversé, dans un mouvement de recul, qu'accompagnait, en sens contraire, la tension du regard, vers la toile.

—Ça, par exemple ! s'écria Kariste, c'est épatant ! Et si tu veux savoir absolument ce que c'est qu'un chef-d'œuvre, regarde ça !... Et ce qui est plus épatant que tout ; c'est que ce soit une femme qui ait fait cela... Cette merveille de vie...

de mouvement, d'observation et d'esprit... Il est vrai que cette femme est Mlle Claudel... Alors, tu comprends, ça n'est plus épatant... C'est naturel... Car, il n'y a pas à dire — c'est peut-être embêtant pour Barrias et pour Marquet de Fahilot — mais elle a du génie... et tu sais ce que cela veut dire... du génie !...

Et nous admirâmes successivement, étonnés de tant de force, de tant de souplesse, de tant d'invention, de tant de virilité aussi chez une femme, taillé par elle en plein marbre, les petites *Causeuses*, sculptées à même l'onyx, à même le marbre ; marbres forts où le ciseau d'une femme a mis des accents, des vigueurs, des modelés fermes et sûrs comme, depuis Coysevox, nous étions déshabitués d'en voir à cette belle matière, laissée tout entière, aujourd'hui, à la main veule, à la main molle du praticien. Et quand nous fûmes émerveillés à l'adorable vision des petites femmes qui dansent sous l'énorme vague qui les surplombe...

— Tu vois, dit Kariste... si nous étions dans une autre époque; si nous n'étions pas irrémédiablement abêtis par la dépression politique et le nivellement social où nous sommes... où tout est foule... où l'art lui-même, descendu de ses fières solitudes, se fait foule aussi... une femme, comme Mlle Claudel, on la couvrirait d'honneurs et d'argent... Car de tels artistes, c'est la gloire d'une époque... c'est ce qui reste de plus grand, de plus pur, d'une époque... Oui... Eh bien ! que fait-on de cette énergie, de cette volonté, de cet héroïsme d'art ?... Rien... rien... rien...

Nous restâmes longtemps dans cette salle, ne pouvant nous arracher à notre admiration, et lorsque Kariste me quitta enfin :

— Viens demain, ici, me dit-il... car nous avons aussi à parler un peu de la peinture, il me semble...

II

Il faut une mèche au flambeau.
(Villiers de l'Isle-Adam.)

Ce jour-là, dans les salles, il faisait une chaleur accablante. Durant quatre heures, nous avions marché, piétiné plutôt, devant des peintures, des sculptures, des gravures et — ô fâcheuse rencontre ! — devant des meubles aussi ! Au dehors, l'orage grondait avec des intermittences de soleil et de pluie. Kariste ne cessait de parler. Il parlait peinture, sculpture, gravure, étain, bronze, grès flammé, étoffes, verrerie, il parlait de tout avec une abondance émerveillante, des partis pris d'admiration et de dénigrement qui m'amusèrent fort. Devant un exemplaire des *Nuits*, fastueusement imprimé par Pelletan, délicieusement relié par Marius Michel, il me fit un cours complet de la reliure, de l'habillage du livre, que je regrette de ne pouvoir, faute de place, transcrire ici... Vers cinq heures, morts de fatigue, nous sortîmes et, avant de rentrer dans Paris, nous allâmes nous reposer sur un banc, dans le jardin du Champ de Mars. L'orage était apaisé. Une buée d'or rose montait des verdures.

— Voyons, dit Kariste, il s'agit maintenant de résumer notre visite et de classer nos impressions... Besnard... Carrière... Helleu... et c'est tout, hein ?... ou à peu près...

Je répondis vivement :

— Peste, mon cher !... Comme tu élimines !... Et Raffaëlli ?

Kariste me considéra, le regard de coin, la bouche tordue d'une grimace :

— Jean-François Raffaëlli !... C'est juste !... Car tu donnes dans le Raffaëlli, toi !... Un jour, tu as dit : « Que le génie de Raffaëlli, soit ! » Et le génie de Raffaëlli fut ! Il fut même, du coup, jusqu'en Amérique, sur la brave *Gascogne* !... Moi, tu sais, je n'y vois pas d'inconvénient, à son génie. Il ne me gêne pas, son génie... Mais oui... mais oui !... Cette peinture... à l'huile forte, ce burinage du pinceau sur la toile... et ces archi- tectures gauches qui fichent trop le camp... et ces perspectives parisiennes qui ne le fichent pas assez... Et ces arbres grêles qui, au bout de leur manche à balai, épousettent les pla- fonds plâtreux du ciel... et cet éternel militaire en plomb... et ce roquet en bois qui s'enlise les pattes dans les barbouillis de la céruse, la pauvre petite bête !... Tu vois que je le connais aussi bien que toi, ton Jean-François Raffaëlli !... et que je lui rends justice !... C'est très bien... c'est très bien... C'est du Jongkind pour les demoiselles du Connecticut... c'est du...

— Tu n'es pas juste ! interrompis-je sévèrement. Il y a dans le Raffaëlli une volonté d'art.

— Va toujours !... va toujours !...

— Une invention d'art... Car enfin, il a inventé la banlieue !...

Kariste leva ses mains au ciel et les laissa ensuite retomber sur ses cuisses, avec un double claque- ment sec :

— Il a inventé la banlieue ! Tu dis cela avec la gravité d'un vicaire qui explique aux enfants du catéchisme que Dieu a créé le monde !... Enfin, voilà !... Dieu a créé le monde. Raffaëlli a créé la banlieue... C'est un dogme... N'en parlons plus !...

— Tu l'aimais autrefois ! reprochai-je.

— C'est possible !... Je l'ai aimé... je ne l'aime plus !... Ainsi va la vie !... Et Barrès a dit une parole juste : « Il y a quelque chose que je préfère à la beauté, c'est le changement. »

Kariste vit que j'étais fâché ; il vit que c'était me blesser dans l'une de mes plus chères et anciennes admirations que de parler ainsi d'un artiste dont j'avais loué toujours les efforts, les recherches multiples, les observations pénétrantes et ce que, dans la construction d'un type et l'or-

donnance d'un paysage, il sut mettre de préoccupations sociales et de littérature raisonnante, à
défaut de style, parfois. Alors, Kariste me dit, la
voix redevenue plus câline :

— Ne sois pas triste... Eh bien, oui !... Et non
seulement il a inventé la banlieue, Jean-François
Raffaëlli... mais il a inventé aussi l'élégance mondaine, la poésie des rues et des places publiques,
la symphonie des architectures, les paysages de
bronze, les conférences polyglottes en Amérique...
et tout ce que tu voudras. Et l'on ne peut pas
dire qu'il ait jamais galvaudé l'art... puisque, à
Boston et à Chicago, c'est dans les temples protes-
tants qu'il allait prêcher la bonne esthétique, la
sainte Bible de l'art, aux jeunes miss adorantes
qui lui jetaient des fleurs !... Ah! qu'est-ce que tu
veux de plus ?

— Je voudrais que tu fusses moins méchant,
ami Kariste.

— Moins méchant ! répéta Kariste d'un air
grave. Ecoute... Me voici sur l'autre versant de la
vie, et les années filent, filent... Et je n'ai plus
le temps d'aimer ceux qui sont entrés dans mon
amour par surprise, erreur, mensonge ou vanité...
Je leur tire un coup de chapeau... Bonsoir, bonsoir !
En revanche, je n'ai pas de trop de tout mon
amour pour aimer, comme il faut aimer, ceux que
j'aime et qui m'aiment... Et puis, voyons !... Tout à
l'heure, je te disais : « Besnard, Carrière, Helleu !... »
Et toi, tu me répondais : « Raffaëlli !... » Ça n'a

pas le sens commun !... Je t'en prie... ferme les
yeux... fais un effort de vision intérieure... revois
le Christ si admirablement humain, si divinement
douloureux de Carrière... revois les portraits de
si haut style d'Albert Besnard, les Versailles roux
et chauds, et les adorables et les amoureuses
pointes sèches d'Helleu !... Revois cela et compare !...

Et je revoyais, en effet, comme si elles eussent
été encore sous mes yeux, les œuvres que la parole
chaude, enthousiaste et saccadée de Kariste évo-
quait. Il poursuivit :

— N'as-tu pas senti la colère te monter au cerveau devant les mornes stupidités de ces gens
arrêtés tout à l'heure devant le Christ ?... Ils
disaient : « Trop de brouillards !... Parbleu, c'est
facile quand on esquive les difficultés !... » Voir
cette poitrine, ce torse, modelés comme par un
sculpteur de génie, et l'étirement prodigieux de
ces bras cloués, et les mains... oh ! ces mains de
prière, de douleur et de maternité de la Vierge
mère, agenouillée au pied de la croix !... voir cela
qui est beau entre toutes les beautés, et ne rien
voir de cela !... Et je ne parle pas, tu comprends,
de l'émotion suprême, de la grandeur du drame
divin, si tragiquement resserré à l'agonie du suppli-
cié qui meurt dans les solitudes, dans les silences
de l'infini, et à la douleur de la femme, assez douloureuse, assez douloureusement belle, pour nous
représenter, à elle seule, toute la douleur humaine !...
non... je ne parle que de l'exécution de l'œuvre,

que du métier de l'artiste. Dans quel autre tableau
ont-ils pu voir un métier plus fort, plus savant, plus
poussé?... Quel est celui, à part Nodin, qui peut se
vanter d'établir des plans avec une telle puissance,
une telle justesse, une telle beauté d'expression et
d'accent ?... Et ils ne voient pas cela !... Et ils
accusent le brouillard de leur dérober le tableau !...
Oui, le brouillard, le vrai, le seul brouillard, c'est
le brouillard de leur sottise, ce sont les lourdes et
épaisses nuées de leur incompréhension et de leur
insensibilité !... Et celles-là, rien ne les traverse,
rien ne les éclaire, ni le coup de foudre du génie,
ni la lueur de l'étincelle sacrée qui brille au front
et dans les yeux de ceux-là, qui, comme Carrière,
sont les élus de l'art éternel !

Kariste se tut... Maintenant, il souriait, délicieusement. Et sa voix, dont le cuivre s'adoucit subitement, reprit :

— Quelle merveille que l'art, et toujours changeante et chaque fois nouvelle, et pareillement
émouvante, quand il resplendit aux mains et dans
l'intelligence des vrais artistes. Après la terreur
et la douleur, voici la joie, la belle joie de la sensualité. Et c'est Albert Besnard qui me la donne!...
Joie de la chair et joie de l'étoffe, et joie du reflet
charmant et vif sur l'étoffe et la chair... Et comme
toutes ces figures sont baignées de lumière,
comme la lumière les modèle et les anime !
Difficulté presque insurmontable que le modelé
dans la lumière. C'est par là qu'échouent presque

tous les peintres qui le tentent. Ils croient faire
lumineux, ils font plat ; ils croient faire vivant, ils
font morne et glacé : parce qu'ils sacrifient le plan,
en dehors de quoi nulle peinture n'existe... Vois
au contraire comme le plan est riche et exact
dans les toiles d'Albert Besnard ! Comme tout s'y
enlève, palpite et vit d'une vie prestigieuse !...
Comme l'étoffe, ici, habille le corps... comme, là,
le corps s'élance hors de l'étoffe, alerte, souple et
pareil à une belle fleur !... Quel caractère, quelle
ligne élégante, dans l'étrange et superbe portrai
de Mlle L.., qui m'obsède, avec ce retournement
de la tête, cette inflexion et ce pli gras du cou, et
cet œil clair qui donne à la figure une expression
si inoubliable !... Et l'abandon, la grâce exquise,
la souplesse, le flou de la toilette, dans le portrait
de Mme R... ! Et la qualité de l'épiderme, de la
fleur de peau, dans celui de M. L. D..., un chef-
d'œuvre de modelé, puissant et non appuyé, où se
révèle la liberté magistrale et sûre du pinceau de
ce grand artiste ! Et je l'aime aussi, vois-tu,
d'avoir fixé sur la toile les traits du docteur Calot,
de Berck, un admirable artiste, celui-là, dans
son genre, qui ne travaille ni dans la pâte, ni dans
la glaise, mais dans la chair humaine, et qui, sous
ses doigts savants et dévoués, fait se redresser et
revivre les membres tordus, les membres inertes
des pauvres petits enfants estropiés... Ah ! les
braves gens !...

L'orage menaçait à nouveau. De lourdes nuées

noires s'approfondissaient dans le ciel. Et les pelouses luisaient comme des nappes d'émeraudes magiques. Mais Kariste ne voyait ni les menaces du ciel, ni les pelouses. Après un court silence, durant lequel il avait repris haleine, il continua :

— Tiens !... Et Helleu ! l'adorable Helleu ! Ah ! comme celui-là m'émeut, et quelles joies, quelle moisson de joies j'emporte chaque fois que je me suis rajeuni l'âme à quelques-unes de ses œuvres !.. En voilà un, au moins, qui est bien de notre race française, un en qui toute la grâce, toute l'émotion, tout l'amour et tout le goût si surprenant qui immortaliseront l'art, au xviiie siècle, se sont, comme par miracle, réfugiés !... Ce qui est extraordinaire, c'est qu'on n'a pas l'air de se douter qu'Helleu, avec la fine pointe de son diamant mordant sur le cuivre, est en train de créer une des plus précieuses, une des plus vibrantes, une des plus amoureuses œuvres de ce temps !... Une femme lisant... Une femme accoudée à la cheminée... Une femme jouant avec son enfant autour d'une table... Une femme étendue sur un canapé ou assise devant un piano... Des femmes, des femmes, des femmes, et des nuques délicieuses, et des cheveux relevés, et des torsades au haut des têtes inclinées... et des chiffonnements, des serpentements, des ondulations de femmes... et tous ces êtres de grâce, d'amour, de mélancolie jolie, en des attitudes intimes, en des poses familières, abandonnées et souples, et tout ce parfum de la femme, et toutes ces flexions du corps de la femme... de la femme épouse, mère, amante... Ça n'est rien, dites... Détaillée de verve, d'abondance, en un tour de crayon ou de burin, n'est-ce pas ?... Et pourtant, c'est toute la femme... tout le poème exquis et tendre, élégant et nerveux, de la beauté de la femme !... C'est le goût suprême !... C'est l'amour !... Et c'est vingt, cinquante, deux cents, mille chefs-d'œuvre qui resteront, qui éblouiront nos arrière-petits-fils, tant que l'art demeurera, dans notre pays, une chose respectée et grande !

— Et sa peinture?... dis-je, ses études de Versailles, tu n'en parles pas ?

Kariste répondit :

— Dans les admirables vers et les proses, plus belles encore, peut-être, de Henri de Régnier, j'ai lu, sur les jardins, sur les eaux mortes des bassins dans les jardins d'autrefois, des impressions que je retrouve ici, avec la même richesse de sensibilité, avec la même mélancolie éloquente et fastueuse... Ce bassin aux eaux profondes et bronzées, habitées par tant de sourds reflets... la ronce et le cuivre vif des feuillages qui l'entourent, sont une merveille de couleur, de volonté d'art, d'obstination héroïque à rendre des choses presque inrendables. Jamais Helleu n'avait, je crois, mis une telle force dans son œuvre peinte... Analyse de quoi est faite cette eau, de quoi sont faits ces glorieux feuillages, morceaux vingt fois pris et repris, et tu admireras la conscience et aussi la vision de cet artiste passionné... Et ce petit satyre de marbre qui joue de la flûte tandis que les rafales de vent couchent les arbres et font autour de lui tourbillonner les feuilles mortes... Quelle idée charmante! quelle grâce simple! quelle prestesse dans l'exécution... Oui, il faut aimer cet homme-là, tu sais!... Il est bien de chez nous.

Des gouttes de pluie commençaient à tomber... Kariste vit le ciel plein d'orage et se leva...

— Eh bien!... Et Raffaëlli?... me dit-il dans un rire crispé... Il est loin, hein?...

Mais il n'attendit pas ma réponse, et il s'en alla, en relevant sur ses oreilles le collet de son pardessus...

(Le Journal, 25 avril-2 mai 1897.)

PRÉFACE

AUX DESSINS D'AUGUSTE RODIN

Voici une série de plus de cent dessins
d'Auguste Rodin (1) sélectionnés dans ses cartons ou simplement recueillis sur sa table de travail, comme, dans les manuscrits et les notes d'un
écrivain qui ne les destine point à la publicité,
l'on choisit des pensées, des maximes, des sensations, des aveux, pour nous mieux faire comprendre son essence intellectuelle et son intimité
morale. Ces dessins nous manquaient. Ils manquaient aussi à l'œuvre statuaire du Maître,
qu'ils commentent, au delà des vaines critiques,
et qu'ils complètent magnifiquement. C'est, de
lui, comme une confidence, ou mieux, comme une
confession de sa pensée secrète ; c'est pour
nous comme une promenade à travers les jardins merveilleux de son âme, où chaque pas que

1. Publiés par les soins de ses amis, chez Jean Boussod,
Manzi, Joyant et Cie.

nous faisons nous conduit devant des fleurs admirables et que nous ne connaissions pas, nous qui, tant de fois, jardinâmes en ce jardin.

A eux seuls, ces dessins suffiraient à la gloire d'un artiste, puisqu'ils ont tout ce qui constitue la beauté : l'intuition et la forme. Ce ne sont pourtant, la plupart, que le germe de l'œuvre future que la main promène sur le papier, à la pointe du crayon ou au bec de la plume, avant de le fixer dans la matière dure, où il s'incarnera, immortellement vivant. Ils nous montrent par quelle suite de travaux, d'études, de projets, de recherches passionnées passèrent quelques-unes de ses principales œuvres, aujourd'hui réalisées dans le marbre, le bronze ou la pierre. Avec eux, nous assistons, vraiment jour par jour et, pour ainsi dire, feuille par feuille, à la création de ces innombrables poèmes qui composent cette *Porte de l'Enfer*, où, en compagnie de Dante, esprit fraternel, le sculpteur aura trouvé l'impérissable expression d'un art dont la nouveauté, la puissance, le grand cri de vie nous étonnaient encore, nous qu'une longue accoutumance d'enthousiasme a pourtant familiarisé avec son génie. Mais le miracle, c'est que Rodin nous donne toujours plus de surprises en nous donnant toujours plus de beauté.

Ce sont ici d'impeccables reproductions et qui gardent la fermeté, l'accent, la souplesse, la coloration si intense des dessins eux-mêmes. On ne pouvait faire mieux. On ne pouvait faire plus. Nous les devons à l'initiative de délicats amis qui viennent rendre à l'œuvre d'Auguste Rodin le même hommage que M. de Julienne au siècle dernier, dans une publication analogue, rendit à l'œuvre d'Antoine Watteau. Tous leurs soins intelligents, tout leur goût si sûrement informé, tout leur amour du beau, ils le dépensèrent dans ce recueil unique, sans compter, avec une générosité dont il m'est doux de les remercier ici, au nom de ceux-là pour qui l'art est encore le meilleur refuge de la joie, le plus précieux ornement de la vie. Cet album est donc, en même temps qu'une chose glorieuse et rare, une chose touchante. Outre sa valeur esthétique, il a vraiment ceci de supérieur que, n'étant point une entreprise commerciale ni une vulgarisation populaire, il reste l'expression parfaite et durable d'une admiration qui sait comment l'on aime et d'une amitié vigilante qui sait comment l'on admire. Vertu peu commune en ce temps, que l'admiration puisque, devant un chef-d'œuvre de l'art, elle égale dans une minute d'émotion partagée celui qui admire à celui qui crée. L'admiration n'est point, comme le croient les sots orgueilleux, une servilité, mais bien une fraternité de l'esprit. Ce sont deux âmes pareilles et qui vibrent ensemble dans le même rêve et dans le même amour... Admirer ?... C'est comprendre et c'est aimer... c'est-à-dire ce qu'il y a de meilleur et de plus noble dans l'âme de l'homme.

Aucun artiste ne mérite, autant qu'Auguste Rodin, semblable et exceptionnel hommage.

Tout ce qui est sorti de son cerveau et tout ce que sa main créa — idées et matière, pensées et forme, même le plus humble cherchement de sa plume sur des bouts de papier volant, même le plus rapide pétrissement d'une esquisse dans la glaise — vaut d'être pieusement conservé. Il importe que toutes les manifestations de sa pensée — linéaires ou plastiques — soient rassemblées, car elles sont un glorieux exemple de ce que l'étude constante, l'observation, la vie surprise dans le plus grandiose ou le plus familier de ses rythmes, peuvent développer dans un cerveau comme celui d'Auguste Rodin. Non seulement il est la conscience artistique la plus haute et la plus pure gloire de notre temps, mais son nom, désormais, brille comme une date lumineuse dans l'histoire de l'art. De lui part un style, en lui commence une époque. Il est la source où, depuis vingt années, chacun vient retremper son inspiration. Tout en demeurant fidèle au culte, dans le passé, de la Beauté immuable, il aura été le grand réformateur de la statuaire, qui lui doit un modelé, un mouvement, de la passion, c'est-à-dire une plus intime communion de l'art avec la nature, ou, si l'on veut, une plus complète, une plus riche possession de la nature par l'amour humain. Il est peut-être le seul parmi les sculpteurs de tous les temps, dont l'œuvre révèle une compréhension

universelle de la vie... Et il est toujours près de
la vie, dans le frisson de la vie, même quand il
semble s'élever au-dessus d'elle, dans le rêve !...
Nos inquiétudes, nos découragements, nos enthousiasmes, nos héroïsmes, nos sensualités, il a tout
traduit, tout exprimé, mieux qu'un poète, mieux
que par des mots : par des formes... Il a été, tour
à tour, le supplice et l'exaltation de la volupté, la
douleur de la Vie, la terreur de la Mort avec l'Enfer : la voix de l'Histoire, avec les Bourgeois de
Calais ; le fracas de l'Elément avec Victor Hugo ;
l'Humanité multiple avec Balzac. Et, avec l'Enfer,
Victor Hugo, Balzac, les Bourgeois de Calais, il
aura toujours été la Nature et la Beauté. Esprit
tumultueux comme un volcan, imagination gron-
dante comme une tempête, cerveau sans cesse
en feu et dévoré de flammes, comme une forge
qu'on n'éteint jamais, il est sage pourtant, et
prudent ! Et jamais il ne lui arriva de chercher une
expression de vie en dehors des lois primordiales
et éternelles de la Beauté ! Il sait que tout ce qui
s'éloigne de la vie est fallacieux et vain, et que
rien n'est mystérieux de ce qui va demander de
la lumière aux ténèbres, du mouvement au
néant. Son symbole est clair, parce qu'il est dans
la nature comme la forme impérissable et une
qui se répète des nuées du ciel à la montagne, de la
montagne au corps de l'homme, du corps de
l'homme à la plante, de la plante au caillou. Et
c'est pour avoir compris ce principe unique du

dessin, pour l'avoir toujours respecté dans son œuvre, que son œuvre nous émeut, nous étreint et nous subjugue, plus que toutes les autres.

Terrible et formidable, déchirant les chairs convulsées sous le fouet de la luxure et les morsures de la tentation, il est tendre aussi, et il est chaste, et nul n'aura fait rayonner du corps de la femme plus de grâce, plus de jeunesse et plus de caresse!... O cette chair blanche des statues où le marbre transfiguré s'anime, palpite, frémit et se soulève en mouvements d'harmonieuse respiration, où la chaleur de la vie, le mystère du sang, la fécondité adorable du sexe gonflent les seins ; chair réelle et parfumée, où toute la peau, alanguie et souple, tendue et pâmée, que la lumière caresse, que les ombres satinent, semble modelée par les doigts divins du Créateur !...

Et l'art de Rodin aura été d'autant plus beau, d'autant plus haut, il nous aura donné d'autant plus de rêve que son métier aura été poussé à plus de perfection !...

J'ai, pour juger les œuvres de l'art contemporain et me bien pénétrer de ce que, par-delà les modes et les engouements passagers, elles doivent, afin d'être durables, contenir d'éternité, un critérium infaillible : la comparaison de ces œuvres avec celles du passé. C'est une épreuve dangereuse, à laquelle bien peu d'artistes, même parmi les plus glorieux et les plus encensés, résistent. Quand je reviens du Louvre ou de la National Gallery ; du musée de Bruxelles ou de l'Hôpital Saint-Jean, de Saint-Bavon ou de Florence, d'Arezzo, de Ravenne ou de Madrid, quelles surprises, quels mécomptes, quels désenchantements de me retrouver ensuite, les yeux et l'esprit pleins de ces visions splendides, devant ces choses chétives et plates, ignorantes et glacées, désordonnées et prétentieuses, que sont la plupart des œuvres de maintenant.

Et je me reproche de les avoir aimées, comme si c'étaient d'infidèles amies qui eussent trahi le rêve où j'avais voulu transfigurer leur âme.

Mais tout mon enthousiasme et toute mon émotion demeurent intacts et vibrants en Auguste Rodin. De cette confrontation, je ne retiens presque, parmi les vivants, que son nom. L'âme qui, de l'Antique Egypte et de la Grèce, passa sur les siècles pour les féconder, je la retrouve en lui, dans toute la jeunesse de son éternité !

Et voilà, pourtant, que me vient une pensée mélancolique.

A un moment de dépression politique et de nivellement social, tel que celui que nous vivons, où tout est foule, où l'art, descendu de ses fières solitudes, se fait foule aussi, une forte individualité, une puissance créatrice, comme celles d'Auguste Rodin, ne surgissent pas sans protestations ni clameurs. C'est que le génie, que les bourgeois de la grande Révolution croyaient avoir décapité, pour le refaire à l'image de leur âme, devient aujourd'hui un anachronisme et une monstruosité quand il apparaît vierge de leurs viols, intact de leurs attentats, et vivant !... Il n'aura rien manqué à celui de Rodin, pas même le douloureux et peut-être fortifiant honneur d'avoir été contesté par la médiocrité et persécuté par la haine des sots ! Après une longue suite d'œuvres, de plus en plus belles, devant des réalisations uniques — résultat de quarante-cinq années de travail acharné, de silencieux efforts, de luttes de toutes sortes et de conquêtes admirables — ni la médiocrité, ni la haine de désarmement.

Constatons cela en passant... et passons.

(Le Journal, 12 septembre 189;).

FAMILLE D'ARTISTES

Je viens d'apprendre une douloureuse nouvelle.
Un des cinq fils de Camille Pissarro, Félix Pissarro,
est mort. C'était un très jeune homme, presque
un enfant, à la figure grave et jolie, aux yeux
profonds, et qui donnait à tous l'espérance d'être
un grand artiste un jour. Plus que l'espérance : la
certitude ! J'ai rencontré rarement quelqu'un de
mieux doué que lui. Imagination ardente, originalité, amour des grandes visions, goût délicat,
il suffisait que Félix désirât faire quelque chose
pour qu'il le fît aussitôt : peinture, aquarelle,
eau-forte, bois gravé, sculpture sur métal ; avec
un clou rouillé et une feuille de zinc tombée du
chêneau de la maison, il faisait des pointes-sèches
d'un arrangement toujours ingénieux. Certes, il
n'avait pas encore la possession complète d'un
art qui demande de longues et patientes études ;
mais il l'eût vite acquise. Sa main était aussi

souple et adroite que son esprit, sous un aspect
de silence, était enthousiaste et vif. Ma confiance
dans l'avenir de Félix Pissarro était extrême. Et
voilà qu'il ne reste plus rien de tous les jolis rêves
que le pauvre enfant avait fait naître autour de
lui !

Camille Pissarro m'avait conté, un jour, cette
histoire charmante.

Vers douze ans, Félix semblait être un paresseux.
Il fuyait l'école et ne s'intéressait à rien. Qu'allait-
on faire de lui ? Autant pour l'empêcher de vaga-
bonder à travers les prés, au bord de l'Epte, et
sur les routes, que pour lui donner plus tard un
métier, sa mère lui fit faire son apprentissage
chez un menuisier de Gisors. Gisors n'est distant
que de trois kilomètres d'Eragny, où habitait alors
Camille Pissarro, où il habite toujours. C'est là
que l'infatigable et ardente vieillesse de ce grand
peintre poursuit la réalisation d'un des plus
admirables poèmes de la nature qu'ait su réaliser
un artiste... Tous les matins, muni de son déjeuner,
le jeune Félix partait pour Gisors et ne rentrait
que le soir à la maison, sa journée finie.

— As-tu bien travaillé ? lui demandait sa mère...
Commences-tu à apprendre un peu ton métier ?

— Mais oui !... répondait brièvement Félix.

Et, après le dîner, il allait s'enfermer dans sa
chambre, sans avoir jamais dit un mot.

Une fois, une voisine vint prévenir la mère
qu'on avait vu M. Félix rôder toute la journée

à travers les prairies. Elle raconta même que le gamin s'était amusé à taquiner des chevaux dans un herbage, à les faire galoper. De quoi l'herbager était furieux... Le soir, la mère réprimanda son fils, vertement. Il s'ensuivit une discussion et de la colère. Dans un geste que l'enfant fit pour éviter une gifle, voilà que sur le plancher tomba une boîte d'aquarelle, de dessous son veston, et que s'éparpillèrent une quantité de feuilles.

Camille Pissarro, qui assistait à cette scène, ramassa les feuilles, les examina, et joyeux:

— Il ne faut pas que cet enfant retourne chez son menuisier, s'écria-t-il... C'est un artiste... Il sera peintre... Mais c'est extraordinaire !

Ces feuilles étaient des études de chevaux! Il y en avait d'extraordinaires, en effet.

Alors, l'enfant avoua qu'il n'avait jamais mis les pieds à l'atelier, et que, toutes ses journées, il les passait dans les herbages, à dessiner des chevaux.

Cette passion des chevaux, il l'avait gardée, toujours. Je sais, de ce très jeune homme, des études de chevaux qui, encore naïves et d'un dessin parfois hésitant, et parfois exagéré, sont pourtant de pures merveilles, où se révèlent une sensibilité excessive et aussi un tempérament d'art unique et fort... Et je me souviens aussi — avec quel serrement de cœur — qu'à dix-sept ans, ayant lu *la Légende de saint Julien l'Hospitalier*,

Félix, avec sa belle jeunesse enthousiaste, s'enflamma pour le chef-d'œuvre de Flaubert, qu'il ne cessait de lire et de relire. Et je revois, l'un après l'autre, toutes les peintures, toutes les eaux-fortes, tous les dessins étranges, mouvementés, mystérieux, que son imagination tirait sans cesse de ce conte préféré : chevauchées à travers les bois anuités ou soleilleux ; galops emportés, avec des crinières lumineuses et tordues, et de longues queues ondulant sur les fleurs sylvestres ; meutes hurlantes ; preux fantastiques faisant se cabrer dans des ramassements, dans des raccourcis puissants, la monture de l'impitoyable tueur. Ah ! quels présages de joie, de gloire future nous venaient devant ces études généreuses, ces jets spontanés d'une nature si riche ! et aussi, devant ce feu sacré, qui brillait dans ces beaux yeux juvéniles, si pleins d'une vie dont nous sentions le bouillonnement intérieur, et qui s'est brusquement arrêtée. Avec sa grande sagesse, le père laissait son fils aller, aller. Il ne tentait même pas de calmer ses emportements au delà de la nature, quelquefois... car il savait que l'âge a bien vite fait de mettre un mors aux imaginations débridées.

Et tout cela n'est plus aujourd'hui !

*
* *

Famille admirable et qui rappelle les temps héroïques de l'art ! Autour d'une vieillesse toujours jeune et vénérée, cinq fils, tous artistes, et tous différents ! Chacun va où le mène sa propre nature. Le père n'impose à aucun d'eux ses théories, ses doctrines, sa façon de voir et de sentir. Il les laisse se développer selon eux-mêmes, selon le sens de leur vision et de leur intelligence personnelle... Il cultive en eux la propre fleur de leur individualité. Lucien, paysagiste lumineux et fin, d'une sensibilité exquise, mais ne se bornant pas à chercher son expression sur la toile seule. Fixé depuis quelques années en Angleterre, il s'est attaqué à toutes les matières. Graveur sur bois, aquafortiste, décorateur de livres, il met en tout ce qu'il crée un goût charmant, discret, des arrangements délicieux. Georges, à qui Félix ressemblait beaucoup, par le tempérament et l'ardeur de l'imagination, porté vers les grandes lignes décoratives, séduit par le mystère des formes et tâchant de les fixer sur la toile, dans le bois, dans le cuivre. Toutes les matières sont bonnes pour lui ; tous les outils. Mais, préservé de l'outrance symboliste par un grand amour et une grande compréhension de la nature, il rêve de redonner au meuble un style nouveau. Il fait des étoffes, des cuirs gaufrés, cherche des émaux ; il voudrait que la moindre plaque de métal, le moindre bout de bois fût un prétexte à l'ornement. Caractère généreux et sensible, toujours en train de grandes choses, lui aussi, le pauvre enfant, fut frappé par un deuil cruel, au seuil de sa vie, qui semblait ne devoir lui apporter que des joies et de belles réalisations d'art et de bonheur. Rodolphe, esprit sarcastique et toujours silencieux. A dix ans, il est toujours seul. Que pense-t-il?... On ne le sait pas. Où va-t-il ?... Il est toujours parti, lui aussi. Il suit les bords de l'Epte, se promène gravement dans les champs... Dessine-t-il des chevaux comme Félix?... des bords de rivière, des coteaux ensoleillés, des brumes d'argent sur les prairies, comme Lucien ?... Non. Un jour, dans sa chambre, on trouve des albums, des quantités d'albums, et c'est un ébahissement!... Voici d'abord un conte chinois où, dans un sentiment précocement curieux de la caricature, s'affirme le goût des arrangements, des masses, et même des paysages... Mais il n'a jamais vu de Chinois. Il n'a vu que les pousse-pousse de l'Exposition... Et c'est leur costume, leur allure bizarrement et comiquement observée qu'il rend !... Ensuite, voici une irrespectueuse histoire du Polichinelle et du gendarme. L'autorité bafouée, ridiculisée, en traits cruels et férocement âpres... Il y a des commissaires, des juges, dont les visages sont empruntés, avec des déformations impayables, aux visages du pays... On les reconnaît, avec leur caractère appuyé... Une satire merveilleuse !... C'est un éclat de rire !...

Jusqu'au plus jeune qui porte encore des culottes courtes, et de qui son père confisque, un soir, une petite aquarelle : vieux cheval blanc dans la neige, qui dénote des qualités originales surprenantes!...

Telle est cette famille, où l'art est chez lui, où chacun, petits et grands, y cultive les plus rares fleurs de beauté. Tout cela, sans bruit, sans réclames, dans une indépendance fière et joyeuse.

Joyeuse?...

Hélas! la joie n'est durable nulle part ! Si bien fermée qu'elle soit, si close qu'elle soit aux vanités et aux douleurs du dehors, il y a toujours en elle des fissures par où les larmes s'infiltrent et coulent!...

Pauvre petit Félix Pissarro, en qui étaient tant d'espoirs! Ame en bouton, charmante et vivante, et sur qui la mort a passé avant que les pétales se soient ouverts au soleil!...

(*Le Journal*, 6 décembre 1897.)

ANTE PORCOS...

Vous connaissez par le menu toutes les péripéties de l'affaire Rodin-Balzac. Je vais pourtant les résumer en quelques lignes.

Un beau jour, la Société des gens de lettres commande à Auguste Rodin la statue de Balzac... Oui, elle éprouve, tout d'un coup, le besoin d'ériger sur une place de Paris une statue à Balzac! Pourquoi cette vénération tardive? Pourquoi cet hommage? On ne le sait pas; on ne le saura jamais... Et aussi, pourquoi ce choix de Rodin, alors qu'il existe à l'Institut tant de fabricants de gloires — gros et détail, demandez le catalogue des prix courants... Ah! voilà le mystère!

Quoi qu'il en soit, Rodin réunit aussitôt tous les documents iconographiques et littéraires qui peuvent l'aider dans l'accomplissement de la tâche qui lui est — ah! si inexplicablement — confiée! Lui seul ne s'étonne pas, car il ignore ce que c'est que la Société des gens de lettres, et, candidement, il croit qu'il y a des gens de lettres dans une Société qui s'intitule pompeusement Société des gens de lettres. Il étudie donc ces documents, les compare, s'en imprègne l'esprit. Avec passion, il relit les livres de Balzac, compulse tout ce qui fut écrit d'important sur lui. Il ne se contente pas de cela. Il va passer deux étés dans cette claire et joyeuse Touraine où Balzac a vécu ; il revoit les lieux qu'il habita, interroge les vieilles gens qui le connurent, ressuscite tous les souvenirs que laissa, là bas, l'immortel et colossal auteur de la *Comédie humaine*. Car, n'ayant pas, sous les yeux, le modèle vivant, il s'agit, pour l'artiste, non d'une ressemblance photographique, mais de quelque chose de plus grand, de plus vrai : d'une interprétation, l'interprétation humaine d'un génie par un autre génie. La statue sera, en quelque sorte, la synthèse de l'œuvre formidable par l'homme ; par la ligne simple, grandiose et triomphale, par la forme belle et serrée, il faut arriver à exprimer l'apothéose de cette puissance douloureuse, tourmentée et dominatrice que fut Balzac.

Rodin se met à l'œuvre. D'abord, il cherche et tâtonne. Deux, trois, quatre projets sont par lui exécutés, qui ne le satisfont pas entièrement. Il cherche encore. Ce qu'a été le prodige de son travail, seuls le savent vraiment ceux qui, jour par jour, étape par étape, ont assisté à la réalisation du monument le plus achevé, le plus puissant, le plus pathétique qu'il ait été donné à un artiste de créer !... Mais qu'est-ce que c'est que cet artiste qui ne crée pas un chef-d'œuvre du premier coup ?... Alors, on le poursuit, on le harcèle, on ne lui laisse ni trève, ni repos. « La statue ! la statue ! la statue ! » crient, hurlent, tempêtent ces gloires considérables et bien françaises, qui répondent en bloc au nom de M. Jean Rameau... Est-ce que M. Jean Rameau est troublé, lui, quand il écrit un livre — si j'ose m'exprimer ainsi — et des vers — si l'on peut dire ! Allons donc !...

On songe bien à retirer la statue des mains trop lentes de Rodin, d'autant qu'il y a dans l'anti-chambre de la Société quantité de sculpteurs qui attendent, et qui promettent de faire le chef-d'œuvre rêvé en cinq sec. Le malheur est qu'on ne le peut. Il y a un traité formel, un traité stupide par lequel la Société s'est interdit de refuser la statue, par lequel elle s'est engagée à ériger la statue sur un emplacement désigné par un décret ! Mais on peut toujours ennuyer un artiste. Et quelle joie quand cet artiste est parmi les plus grands et les plus admirables qui aient illustré l'humanité !

Et voilà que, malgré les ennuis de toutes sortes suscités de toutes parts contre Rodin, celui-ci achève la statue ! Il l'expose !... Alors, ce sont des cris indécents, des colères folles, des rires insultants. Jamais une statue ne vit, autour de son piédestal, de plus laides figures, tordues par de plus hideuses grimaces. Chacun va jeter un peu de sa bave, un

peu de sa boue sur ce monument, le plus impeccable peut-être que Rodin ait créé.

Finalement, la Société des gens de lettres refuse
la statue. Elle n'en a pas le droit, mais elle passe
outre au droit. Comme un mauvais commerçant,
elle déchire sa signature et rompt le traité. Ce
refus est logique; il est d'ensemble, comme disent
les peintres. Cette Société qui voulait jadis expul-
ser Victor Hugo, qui, hier encore, voulait rejeter
Zola, se devait à elle-même, à sa tradition, de refuser une œuvre de Rodin. Elle la refuse : c'est
parfait !

— Mais que va-t-il advenir de la statue? me
demande-t-on.

Un procès?... Il est gagné d'avance. Mais Rodin
répugne à entrer dans une voie si nouvelle pour
lui. Il veut travailler dans le calme, réaliser tous
les projets que son imagination caresse, que nous
attendons de lui. Les procès sont longs ; ils
prennent beaucoup de temps. Et les chemins par
où il faut passer sont si sales !... Non.

Alors, quoi ?

Il y a bien des projets en ce moment. Et Rodin
n'a que l'embarras du choix, car tout ce qui compte
dans l'art d'aujourd'hui le soutient et le défend
énergiquement. Des amateurs généreux et com-
préhensifs se disputent la statue honnie de M. Rameau. D'un autre côté, un comité se forme pour
l'acquérir au moyen d'une souscription publique
et qui est couverte à l'avance. Que décidera Au-

guste Rodin ? Nous le saurons dans quelques jours. Mais que les amis de l'art se rassurent ! La statue sera coulée en bronze, et, quoi que dise la Société des gens de lettres, quoi que fasse le Conseil municipal, elle sera érigée à Paris triomphalement. Nous en faisons notre affaire !

*
* *

Dans ce journal où M. Gustave Geffroy a si clairement, si éloquemment parlé de la statue de Balzac, il n'y a plus à dire pourquoi elle est belle, pourquoi elle est encore un progrès sur les œuvres de notre illustre et cher ami, ces œuvres que nous jugions pourtant définitives, et dont, sincèrement, nous croyions qu'on ne pouvait aller au delà. Mais le miracle est que Rodin nous donne, chaque fois, plus de beauté. Croyez bien que les sculpteurs qui ont ameuté le public contre ce monument colossal ne s'y trompent point, eux !... Et la lutte n'est pas là où on croit qu'elle est ! La Société des gens de lettres n'est qu'un accident, elle n'a même pas l'initiative de sa sottise et la responsabilité de sa honte !... Elle est l'agent, inconscient, de rivalités professionnelles et de combinaisons de coteries artistiques qui la dépassent et qu'elle ignore. En réalité, la lutte est entre l'art individuel et l'Institut !... Il y a, du reste, longtemps qu'elle dure.

— Comment ! s'écrient les sculpteurs de l'Institut, voilà un misérable sculpteur qui ose faire de la sculpture, de la vraie sculpture !... Mais c'est indécent et inadmissible ! Si le public allait un jour comprendre cet art nouveau et l'aimer, qu'est-ce que nous deviendrions, nous autres? Où placerions-nous nos petites saletés photographiques et nos moulages sur nature ? Cet impudent Rodin nous atteint dans notre commerce !... Et voilà ce qu'on veut tolérer ! .. Si on acceptait qu'un sculpteur doive vraiment modeler de la glaise ou du marbre, ce serait fini, à jamais fini, non seulement de nos statues et monuments imbéciles qui déshonorent les squares, avenues et places publiques de notre Paris, mais ce serait la fin surtout de nos petits bronzes qui se vendent si bien et qui décorent les pendules des hôtels meublés, et qui remplissent les salons de nos chers dentistes !... Il faut abattre cet homme qui nous ruine !

Il y a une chose que ces braves gens ignorent, c'est qu'on peut « embêter » le génie, on ne l'abat point. Une heure vient toujours où il triomphe de toutes les hostilités et sort, lumineux, de toutes les obscurités.

D'ailleurs, c'est toujours la même chose. Ce qui se passe aujourd'hui s'est passé hier et se passera demain encore.

La ville de Valenciennes refusa le Watteau de Carpeaux, qui est un pur chef-d'œuvre. Elle le refusa pendant sept années. Il fallut la mort de Carpeaux pour qu'elle se décidât enfin à édifier ce monument, un des plus exquis de notre art français.

La Ville de Paris refusa les figures admirables de l'Observatoire, du même Carpeaux. Elle les refusa pendant huit années. Il fallut la mort de Carpeaux pour qu'elle se décidât enfin à édifier ce monument qui compte parmi les plus forts de notre art français...

Et savez-vous l'histoire du groupe de la Danse, qui orne la façade de l'Opéra?

La chose est tirée au clair, aujourd'hui. Ce sont les sculpteurs de l'Institut qui firent jeter par un misérable inconscient sur ce groupe la fameuse tache d'encre. On espérait que le monument en serait à jamais détruit. Il fut réparé. Alors, la guerre continua pendant des années et des années; si bien que le ministre des Beaux-Arts, obsédé et vaincu par la racaille académique, commanda à Gumery un groupe qui devait remplacer le groupe de Carpeaux. Gumery, honteusement, travailla à ce groupe et l'acheva. Mais, au moment où il venait de l'achever, Carpeaux mourut. On ne pouvait plus « embêter » Carpeaux, puisqu'il était mort ; ce n'était plus drôle. Alors, l'Etat envoya le travail, d'ailleurs hideux, de Gumery au musée de Rennes, où on peut le voir encore, triste épave provinciale. « Embêter le talent, le génie individuel », tout est là ! L'embêter jusqu'à la chute, jusqu'à la mort ! Tel est le triomphe !

Eh bien ! je vous le dis, nous n'attendrons pas la

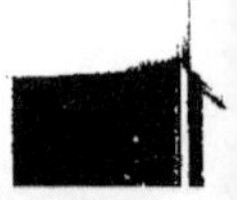

mort de Rodin pour ériger son Balzac en plein
Paris. Et la foule, changeante ou instruite, applau-
dira frénétiquement l'œuvre géniale que ne peut
salir le jet de salive d'un Jean Rameau, d'un De-
messe, d'un Cahu, d'un Duquet.

Ces gens-là passent, disparaissent, s'évanouissent dans la poussière qui n'est faite que de leur
mort.

Est-ce que Notre-Dame ne s'enlève pas moins,
victorieuse et toujours belle, dans le ciel, bien
qu'il y ait eu toujours des chiens pour pisser à sa
base ?...

(Le Journal, 13 mai 1898.)

L'ENFERMÉ

M. Pézieux, qui vient de mourir, était un sculpteur de mérite dont vous avez certainement goûté les œuvres. C'était surtout un esprit fort remarquable, doué d'une extrême finesse, en même temps qu'une âme passionnée, éloquente et noble. Ceux qui l'ont connu peuvent attester que sa causerie fut quelque chose de très émouvant et de très beau. Il savait tout et il sentait tout. Je crois bien que le don d'exprimer ne se rencontra jamais à une telle puissance chez aucun homme. Il avait su par la pensée et par la parole s'affranchir de tout ce qu'une éducation académique conservait encore de timidités à son art de statuaire. Et ce qu'il écrivait !

On vient de découvrir, en cherchant dans ses tiroirs, une quantité considérable de pages manuscrites que l'on classe en ce moment, et que l'on dit tout à fait admirables. C'est que, chaque soir et fort avant dans la nuit, Pézieux se reposait de sa sculpture en rédigeant ce qu'il avait vu, ce qui l'avait intéressé dans la journée, ses conversations avec des amis, principalement avec Auguste Rodin pour qui il professait un culte véritable. Dans ces pages, on trouve de tout, des notes brèves, des passages concis et ramassés, de longues discussions d'art, des sensations de nature, de voyage, de musée, des idées et du pittoresque, de la littéra-ture et de la philosophie, de la vie, surtout ; tout cela écrit, jeté, improvisé de verve, d'abondance, dans toute la fraîcheur de l'impression. Jamais un bavardage inutile, comme il arrive la plupart du temps des sculpteurs et des peintres qui se mêlent d'écrire ; rien que des choses substantielles et fortes. Non seulement, en ces notes cursives et sincères, Pézieux reste l'artiste sensible, vibrant, délicat, le critique net, le passionné de beau qu'il était ; mais il s'y révèle un penseur supérieur qui ne se cantonne point dans son art, et dans l'art, et qui, par l'art, s'élève jusqu'à la compréhension universelle de la vie, de la vie dans la nature et de la vie morale.

Ce précieux manuscrit, qui est l'histoire intime d'une intelligence d'élite, d'un esprit de luxe, sera publié en volume, je l'espère... Et ce sera, n'en doutez pas, un très beau livre.

Il y a quelque temps, Pézieux se trouva atteint d'un peu de surmenage intellectuel. Ses facultés subirent, non pas une éclipse, mais un trouble

momentané. Il n'était pas, comme on l'a prétendu,
fou. Anémie cérébrale, neurasthénie, fatigues nerveuses, il avait ce mal connu et fréquent aujour-
d'hui, et dont il est facile de se guérir. Tous, plus
ou moins, nous avons passé par cette crise, et nous
l'avons surmontée aisément. On lui conseilla le
repos le plus absolu, dans un lieu de silence et
d'air pur. Le malheur voulut que sa sœur, avec
qui il habitait, et qui était pour lui plus qu'une
sœur, une véritable mère, fût elle-même, en ce
moment, souffrante d'une fracture de la jambe et,
par conséquent, dans l'impossibilité absolue de le
soigner comme il eût fallu. Je ne sais qui indiqua
à Pézieux la maison de convalescence d'Epinay.
Cette maison est dirigée par un docteur, d'aspect
étrange, d'accueil brutal, et qui répond au nom
hoffmannesque de Trarius. Directeur à part, l'endroit est charmant. Le château où vécut l'amie de
Rousseau, les jardins, le parc, mal entretenu il est
vrai, mais conservant encore son caractère ancien,
tout cela plut à Pézieux. Et ses amis décidèrent
qu'il entrerait dans cette maison qui semblait
réunir toutes les conditions — extérieures du
moins — pour une prompte guérison. Sa sœur fut
autorisée à s'installer avec lui.

Pézieux était si peu atteint dans son intelligence
que, le lendemain même de son installation,
Auguste Rodin étant venu lui rendre visite, le
trouva dans une disposition d'esprit parfaite. Il
s'entretint longuement avec lui et Pézieux, paraît-il,

dit des choses admirables, ces choses dont le docteur Trarius, qui ne pouvait les comprendre, prétendit, plus tard, que « c'était du verbiage délirant » ! Rodin quitta le soir son ami, très rassuré.

Le premier « traitement » du docteur Trarius fut de séparer le frère de la sœur. Celle-ci protesta énergiquement. Elle n'était venue que pour lui ; sa présence continuelle lui était nécessaire... Elle était, en quelque sorte, l'âme de son frère... Rien n'y fit... Les amis avertis protestèrent également. Il leur fut concédé que Mlle Pézieux pourrait voir son frère, dans la journée, mais non la nuit, où on lui substitua la surveillance d'un gardien. Et vous savez ce que sont, en général dans ces sortes de maisons, ces gardiens, et de quelles brutalités ils sont capables. Le docteur Trarius émit, même, l'idée qu'il devrait enfermer Pézieux dans un cabanon, sous prétexte que l'artiste parlait sans cesse de son art, et que, souvent, il récitait des vers !... Il recula, pourtant, devant la formelle défense qui lui en fut faite par Mlle Pézieux et les amis du sculpteur.

Un matin, en entrant dans la chambre de son frère, Mlle Pézieux trouva celui-ci le visage en sang, et mourant, presque. Il avait le crâne fendu d'une tempe à l'autre, une blessure profonde à la gorge, les côtes déchirées.

— Il s'est jeté par la fenêtre, lui dit-on, sans autres explications.

Cela lui parut presque impossible. Comment,

avec un gardien qui le veillait, pouvait-il s'être jeté par la fenêtre ? Et comment pouvait-il se faire que, couchée dans une petite chambre en face de celle de son frère, elle n'eût, dans la nuit, rien entendu des allées et venues qui avaient dû suivre un tel accident... Et puis, la veille, Pézieux était si calme, si doux, si sensé !

A toutes les questions, il fut répondu brièvement :

— Qu'est-ce que vous voulez ?... Il s'est jeté par la fenêtre.

Quatre jours après, le pauvre Pézieux mourait... d'une pneumonie, affirma le docteur Trarius. On l'enterra dare... dare !...

Mlle Pézieux eut d'abord l'idée de porter plainte, demander une enquête, réclamer l'autopsie. On me dit qu'elle y a renoncé. Et je pense qu'elle a eu raison, pour ces deux motifs, le premier qu'il est possible, après tout, quoique invraisemblable, que son frère se soit jeté par la fenêtre..., le second, c'est que ces étranges maisons de convalescence sont, en général, intangibles, et que les enquêtes qu'on y pratique n'aboutissent jamais à rien, même en face des crimes les plus avérés et les plus certains.

Je fais donc comme Mlle Pézieux. Je n'accuse personne de cet accident, et je m'en tiens à la version du docteur Trarius.

Aussi, abandonnant ce cas spécial, je ne puis m'empêcher de faire quelques observations d'un

ordre général, observations qui seront consignées
dans la conversation suivante, que j'eus dernière-
ment avec un jurisconsulte distingué.

Nous causions des maisons de fous, qui sont, la
plupart, des maisons de mystère et des maisons
de torture.

— Comment se fait-il, disais-je, qu'on puisse,
en ce temps, sur une simple ordonnance de médecin, enfermer un tas de gens qui ne sont pas plus
fous que vous et moi. Comment, une fois entrés
là, n'en peuvent-ils jamais sortir ?... Et pourquoi
la justice ne veut-elle jamais mettre son nez dans
tous ces drames horribles qui, chaque jour, s'ac-
complissent entre les murs de tous ces établissements où le crime est si visiblement encouragé et
protégé...

Le jurisconsulte répondit :

— Mon cher, il faut bien faire la part du feu et
donner quelques privilèges à cette excellente bourgeoisie qui nous dirige. Ces maisons dont vous
parlez sont autant de petites bastilles où les hon-
nêtes gens, sans être inquiétés par les gendarmes,
peuvent supprimer ceux qui les gênent, ceux
dont ils convoitent l'héritage, la fortune, les femmes, etc... Aujourd'hui qu'il n'y a plus de roi,
aujourd'hui que, dans la royauté disparue, le
bourgeois s'est taillé des quantités de petites
royautés, il faut bien qu'il y trouve des avantages,
et du bon plaisir... Vaut-il pas mieux que ces
petits crimes se passent décemment, mystérieu-

sement, silencieusement, derrière des murs, plutôt
qu'ils s'étalent dans la rue. Autrefois, on tuait,
on empoisonnait. C'était un spectacle répugnant
et des mœurs grossières dont l'exemple était mauvais et contagieux... De notre temps, c'est la même
chose, au fond... Mais ça ne se voit pas !... Et
même admirez, combien le meurtre prend, dans
notre société, les allures de l'hygiène, de la phi-
lanthropie... de la sociologie !... Laissez donc les
choses aller comme elles vont !... Elles vont, toujours dans le sens de l'humanité... qui est la
mort !...

Pézieux aussi s'en est allé, dans le sens de l'humanité...

(Le Journal, 9 octobre 1898.)

L'ENVERS DE LA MORT !

On m'a conté une petite histoire. Elle est vraiment bien « contemporaine », et c'est encore aux peintres, race féconde en histoires de tous genres, qu'on la doit. Je ne sais si elle est vraie. En tout cas, elle est vraisemblable et tout à fait « d'ensemble », comme ils disent, avec l'époque. La voici dans sa brève brutalité.

Il paraîtrait que la décoration de Puvis de Chavannes, pour le Panthéon, n'étant pas absolument achevée, — il ne manque qu'une partie de la frise, — un syndicat de peintres — ah ! toujours les syndicats ! — aurait suggéré à M. Henry Roujon l'idée protectrice d'envoyer lesdites décorations dans un musée quelconque, même de province, et d'en confier de nouvelles à quelques peintres qualifiés. Quand je dis ; qualifiés, je ne sais si je me fais bien comprendre... Il faut vivre, n'est-ce pas ?

Maintenant qu'il est mort et qu'il est allé rejoindre ses nymphes au *Bois sacré* et dans le *Doux pays* qu'ignora Forain, on peut en user légèrement avec ce maître, quitte à souscrire de grosses sommes — vingt francs — pour son monument prochain, quitte aussi à exulter, sur des estrades et dans des banquets, son génie, qui ne gêne plus personne. On lui prend son œuvre mais, en revanche, on lui offre une statue. Que veut-il de plus ? S'il n'est pas content dans sa gloire, qu'il réclame ! Il eut assez de commandes, de son vivant, pour ne plus désormais les accaparer après sa mort ! Place aux autres !

Sa mort ! Elle fut admirable de grandeur, d'héroïsme et de sérénité !

Se sentant malade, très malade, il fit venir son médecin :

— Mon cher ami, lui dit-il, je veux savoir pour combien de temps j'ai encore à vivre... Depuis des semaines et des semaines, pour me soigner inutilement d'ailleurs, je néglige mon travail... Or, je ne voudrais pas mourir sans avoir achevé ma resque... Je vous demande la vérité... je veux la vérité.

— Eh bien ! répondit gravement le médecin, vous en avez peut-être pour huit jours !...

— Merci...

Ce jour-là même, lui qui ne sortait plus, il se cdit à son atelier, et se mit au travail avec charnement. Durant toute une semaine, il pei-

gnit dix heures par jour, n'abandonnant sa
toile que lorsque la faiblesse lui faisait tomber sa
brosse des mains. C'est, pour ainsi dire, dans cet
effrayant labeur que la mort surprit ce grand
laborieux. Et c'est cette œuvre suprême, qui est
pour ainsi dire le testament de l'admirable artiste,
que certains barbouilleurs voudraient reléguer
dans le silence d'un musée de province, avec
cette autre de l'année dernière : *Sainte Geneviève
veillant sur Paris*.

Il est bien certain que la sainte Geneviève
n'est pas le meilleur morceau de peinture qu'ait
produit, qu'ait créé cet infatigable créateur qui
s'appelait Puvis de Chavannes. Il accuse une fatigue, naturelle du reste ; le procédé y est plus visible que dans ses autres œuvres ; la coloration s'y
affadit davantage, devient plâtreuse, mais l'inspiration en est infiniment douce et charmante. Tel quel,
il reste supérieur à tout ce que pourra nous offrir
la médiocrité des autres.

Et j'ose encore espérer que ce projet, dont je
viens de parler, avortera sous l'universelle des
indignations.

* * *

Je connais peu d'hommes aussi réfractaires aux
jouissances de l'art que les hommes de lettres. On
compte ceux qui sont capables de les éprouver,
et le compte en est vite réglé. Les Goncourt, dont
la passion s'aiguisa jusqu'à devenir une volupté

physique, et qui firent de l'art la plus forte et la plus haute émotion de leur vie, sont une exception, presque une anomalie.

Quant aux philosophes et aux savants, leur incompréhension de l'art pur devient quelque chose de véritablement incroyable et qui donne à rêver. Non seulement ils ne le comprennent pas, mais ils vont jusqu'à en nier le caractère intellectuel et la puissance éducatrice. La plupart, même, ils le considèrent comme une déviation, comme une perversion de l'intelligence, par conséquent comme un danger social. Pour eux, ce n'est qu'une des formes — et non la moins haïssable — de la basse sensualité du vice et du crime. Lorsqu'ils se trouvent en présence d'un artiste exceptionnel, ils ne savent plus que dire et se tirent d'embarras en proclamant que c'est un dégénéré, et, selon leur expression favorite, un *délinquant*. On est souvent stupéfié des jugements qu'ils portent sur tels peintres et statuaires, tels musiciens, tels écrivains même, dès que ces artistes ont dépouillé la forme didactique, le ton professoral, et qu'ils cherchent à exprimer sincèrement une sensation sincère. Entre l'artiste et le criminel, entre le peintre ou le sculpteur qui fait revivre la nature, et l'assassin qui tue, ils ne font pas de différence. S'ils en font une, elle est généralement en faveur de l'assassin, parce que c'est une victime de l'instinct, un esclave douloureux de l'irresponsabilité humaine, et qu'il faut le plaindre, plus qu'il ne convient de le châtier.

Puvis de Chavannes, parmi les quelques artistes de génie qui honoreront sûrement le xix siècle, est peut-être le seul qui ait, comme par miracle, échappé à cette loi de proscription, à cette terreur du tribunal scientifique.

Très violemment contesté, et honni comme un affreux révolutionnaire, alors que n'étant point encore dégagé des influences académiques, il produisait des œuvres intéressantes certes, mais peu originales, il a eu cette chance unique, presque paradoxale à force d'être unique, de se voir universellement reconnu comme un grand maître, alors que ses compositions atteignaient à la pure beauté, à l'expression définitive de sa personnalité, une des plus fortes, des plus suaves, des plus complètes, des plus logiques de ce temps.

C'est généralement le contraire qui arrive pour les autres. Faciles et douces aux débuts incertains la critique et l'opinion deviennent féroces dès que l'œuvre se précise et que la passion l'emporte au delà des régions médiocres et connues, où elles avaient cru la fixer à jamais.

Rien de semblable n'a pu chagriner Puvis de Chavannes, du moins pas longtemps. Ardemment défendu par l'élite d'abord, il a vu, peu à peu, mollir toutes les résistances, jusqu'au jour où il est devenu l'homme couronné de gloire qu'il était, lorsqu'il est mort !

Dans le passé, il est presque l'égal de ses maîtres, les Piero della Francesca, les Filippino Lippi, les

Botticelli, les Raphaël, et rien n'est plus juste. Dans le présent, on le dresse au-dessus de tous les peintres vivants, ce qui est, sans doute, arbitraire. Car pour arriver à cette sélection, il a fallu lui comparer et lui sacrifier des artistes dont les recherches sont très différentes de la sienne, mais également émouvantes. Et je pense que, pour des hommes comme M. Renoir, M. Claude Monet, M. Eugène Carrière, M. Degas il y a place, au même rang que Puvis de Chavannes et sur les même sommets. Un avenir prochain nous dira même si ces grands artistes ne sont point plus grands que lui, et s'ils n'ont point apporté une plus grande somme de beautés au trésor de l'art universel.

Ne croyez pas que l'art seul ait fait le miracle d'un Puvis de Chavannes honoré, comme il convient, de son vivant. La politique, et l'intrigue qui mène la politique, y furent pour beaucoup. Le hasard qui décide si aveuglément, si passagèrement de tant de réputations vite oubliées, de tant de succès aussitôt abolis, a voulu qu'à un moment donné on eût besoin de la grande et pure figure de Puvis de Chavannes.

A son insu, peut-être, il fut le centre de ralliement de bien des ambitions, de bien des intrigues, de bien des petits commerces. Et ceux-là mêmes qui, publiquement et avec le plus d'exaltation, confessèrent l'admiration apostolique de son œuvre, sont peut-être ceux qui, dans le fond de leur âme, la nièrent le plus ; ceux qui, aujourd'hui encore, voudraient substituer leurs barbouillages aux nobles œuvres posthumes du maître qu'ils honoraient, qu'ils chérissaient trop bruyamment. Comment pourrait-il en être autrement ? Entre la plupart des thuriféraires de sa gloire et Puvis de Chavannes, il existe un abîme que, seul dans une circonstance donnée, l'intérêt pouvait combler. On s'est servi de lui, du prestige de son nom, de sa grande pureté de vie, de son grand désintéressement, de sa grande fierté d'artiste, plus encore qu'on ne l'a servi. Il a été l'étiquette, le prospectus de combinaisons commerciales, plus qu'il n'a été la bannière d'une foi.

Certes, il ne vit jamais ce qui se passait sous le couvert de son nom illustre et respecté, et l'on ne peut pas dire qu'il l'ait encouragé. Vivant dans un monde de pensées hautes et de nobles rêves, il était inaccessible à ce qui est bas, louche et tortueux. Toutefois, il est regrettable que, sensible aux flatteries dont il ne savait pas démêler la servilité intéressée, il ait, dans les dernières années de sa vie, trop négligé ses véritables amis, ses amis de toujours, pour n'écouter que ceux-là qui étaient si loin de lui, ah ! si loin de son esprit et de son cœur ! et de son art !... Que cette faiblesse, qui n'a point terni la pureté loyale de son âme, lui soit pardonnée.

D'ailleurs, ces honneurs dont, justement, on l'entoura n'ont pas été jusqu'à lui ouvrir les portes

de l'Institut, ce qui, dans ce milieu spécial, est
considéré comme l'honneur suprême. De terribles
dragons en gardèrent jalousement, hostilement,
le seuil interdit.

Cet ostracisme ne nuit en rien à sa gloire ; il
la complète. Mais il était bon que ceci et que cela
fussent dits !

(Le Journal, 13 novembre 1898.)

AU CONSEIL MUNICIPAL

Ah ! qu'il est donc difficile aujourd'hui, pour un homme de génie, de vivre de son génie !... Dans notre société, asservie à la tyrannie toute-puissante des collectivités, l'homme de génie n'a plus que la valeur anonyme, la valeur matriculaire d'un individu, c'est-à-dire qu'il n'a plus aucune valeur. Il ne compte pour rien. Mieux que cela, on le hait et il fait peur comme les grands fauves, qui deviennent de plus en plus rares sur le globe colonialisé, utilitarisé et, comme eux, on le poursuit, on le traque, on l'abat sans relâche. Ceux qui ont pu détruire un homme de génie et montrer sa peau à la société touchent une prime.

C'est ainsi que les critiques qui se consacrent à cette chasse fructueuse deviennent d'importants et de forts rétribués fonctionnaires dans l'Etat... Tout l'effort des collectivités tend à faire disparaître de l'humanité l'homme de génie, parce qu'elles ne permettent pas qu'un homme puisse dépasser de la tête un autre homme, et qu'elles ont décidé que toute supériorité, dans n'importe quel ordre, est, sinon un crime, du moins une monstruosité, quelque chose d'absolument anti-social, un ferment d'anarchie. Pour être admis à prendre sa part de vie, il faut d'abord passer sous l'odieux niveau. Honte et mort à celui dont la taille est trop haute ! S'il refuse de se courber, qu'on le décapite, afin de le ramener à la taille obligatoire, au-dessus de quoi l'on ne saurait être un vrai citoyen !

Auguste Rodin, depuis longtemps, a fait l'expérience de cette triste vérité. Comme il est, à proprement parler, un artiste de génie, tout le monde, depuis l'académicien solennel jusqu'au bohème vagabond et débraillé, se coalise pour le persécuter, admirable accord, touchante harmonie ! Quand les plus médiocres d'entre les statuaires, les plus insignifiants parmi les salisseurs de plâtre et gâcheurs de glaise, obtiennent sans lutte commandes et faveurs, lui est toujours mis à l'écart ; et lorsque, par hasard, une commande parvient à s'égarer dans son atelier, furtivement, soyez sûr que la collectivité n'a de repos que cette commande ne lui soit, finalement et avec éclat, refusée. Ai je besoin de rappeler la scandaleuse affaire du Balzac, et comment l'inqualifiable Kaempfen obtint d'une commission que l'admirable projet du monument à Victor Hugo ne pouvait être décemment

accepté, attendu qu'il n'était pas assez « bloqué »,
ou qu'il l'était trop ! Faut-il dire aussi que, par un
inconcevable oubli, d'ailleurs calculé, Rodin ne
fut pas appelé à participer à l'ornementation de
l'Hôtel de Ville, dont il ne fallait pas, par l'intru-
sion d'une belle œuvre, troubler l'incomparable,
la symétrique ordonnance de laideur ?... Enfin,
dans cette distribution orgiaque de travaux à
laquelle l'Exposition de 1900 donne lieu, l'auteur
du *Baiser*, et de la *Porte d'enfer*, et des *Bourgeois de Calais*, et du *Victor Hugo*, fut systémati-
quement négligé. La bourrasque passa et n'apporta
pas chez lui le plus petit bronze... J'imagine qu'il
ne s'en plaint pas et je crois que ses vrais amis
n'ont pas à déplorer cette négligence, estimant que
l'art de Rodin, avec sa perfection et son caractère
d'éternité, n'a rien à voir dans ces monuments
hâtifs et désordonnés qui, de leurs masses incohérentes, stupéfient le promeneur ahuri... Mais le
fait n'en reste pas moins comme un détail comique
de l'histoire de l'art contemporain, et il est bon,
pour les ironistes futurs, qu'il soit constaté.

Il y a mieux encore, et je vous prie, ô braves
lecteurs, de goûter l'anecdote que voici :

Depuis longtemps déjà, Auguste Rodin est sollicité par les grandes villes d'Allemagne, d'Angleterre, d'Autriche, de Russie, de Belgique et de
Hollande, qui, toutes, possèdent dans leurs musées d'importantes figures du maître français, de
faire chez elles une exposition intégrale de son

œuvre. Elles savent qu'il y a, dans une maison du boulevard d'Italie, des chefs-d'œuvre entassés, projets et réalisations, études, moules, toute une œuvre nombreuse, énorme et magnifique. Rodin a, jusqu'ici, résisté aux propositions les plus glorieuses et les plus avantageuses, estimant qu'il devait à la France la primeur de son exposition. Il voulait que ses concitoyens fussent les premiers à le juger dans la totalité de son constant effort vers la Beauté...

Justement, une occasion propice s'offre : l'Exposition de 1900.

Il s'agit d'obtenir non une commande — Rodin n'a plus cette audace et ne se berce plus de ce rêve — mais la concession d'un terrain, et il pourrait élever une jolie construction qu'il remplirait, de la plinthe aux frises, de tous les trésors inconnus et qui dorment dans l'émouvant silence de la maison du boulevard d'Italie. Le terrain sur lequel Rodin a jeté son dévolu, c'est ce petit square entouré de grands arbres, qui se trouve en dehors de l'Exposition, au coin de l'avenue Montaigne... Il réunit toutes les qualités désirables à un tel projet... Une construction, là, ne pourrait gêner rien, ni personne... Comment serait-il possible qu'on lui refusât ce terrain... Il ne veut pas y bâtir de café-concert, ni de maison suspecte à danser du ventre et à se trémousser du derrière... C'est une chose noble, désintéressée, qui le hante. Il se remue !...

L'artiste parle de son projet à ses amis, qui l'encouragent, au ministre des Beaux-Arts et à M. Henry Roujon qui, tout de suite, manifestent leur enthousiasme ; à M. Bouvard qui approuve ; à M. de Selves qui consent. M. Georges Leygues exprime son opinion de la sorte :

— Du moment qu'Auguste Rodin nous offre une telle manifestation de son génie, il serait inconvenant qu'on opposât à ce projet la moindre difficulté. En ce qui me concerne, je ne l'admets pas un instant.

Il semble donc qu'il n'y ait plus qu'à construire et que l'octroi de la concession par le Conseil municipal ne soit qu'une formalité, d'autant plus que le rapporteur de l'affaire à la troisième commission, M. Escudier, s'affirme un partisan convaincu et ardent de ce projet, et qu'il travaille de toute son activité à ce qu'il réussisse.

Eh bien ! vous ne le croirez pas, ô braves lecteurs, la troisième commission émet toute sorte d'objections oiseuses... Beaucoup parmi ses membres, les plus bavards, sont hostiles irréductiblement... Il y a ceci... il y a cela... Il ne faut pas créer de pareils précédents... Si tous les sculpteurs demandaient des concessions de terrain pour exposer leur œuvre, où irait-on ?... Et si, par surcroît, Auguste Rodin allait gagner quelque argent... Quel scandale !... Que diraient l'académicien solennel et le bohème débraillé, syndiqués pour le faire mourir de faim ?... On les rassure...

Le terrain est loué très cher, ce n'est donc pas une gracieuseté qu'on fait à Rodin... De plus, il n'est pas un seul sculpteur qui puisse, comme Rodin, remplir un si grand espace avec son œuvre... Quant à la question d'argent, s'il en retire un petit bénéfice, où serait le mal, après tout !... D'ailleurs, Rodin n'offre-t-il pas que, deux jours par semaine, le jeudi et le dimanche, les entrées de son exposition soient gratuites ?...

— Sans doute ! sans doute !... mais c'est une chose bien grave. Et s'il allait, ce diable d'homme, inculquer au peuple un désir de beauté !...

Et ces gens, ces braves gens qui ne parlent que d'émancipations et de démocratie sont inquiets. Ecoutant, peut-être, la voix de certaines rivalités professionnelles, et des jalousies que suscite toujours le talent, ils hochent la tête, ne disent ni oui, ni non...

Pourtant, mardi dernier, la commission, après une séance très chaude, vote en principe la concession du terrain, mais à la condition que l'affaire viendra en séance publique du Conseil municipal, pour y être discutée. On espère ainsi qu'elle échouera.

Si j'étais conseiller municipal, aujourd'hui, jour de cette discussion, qui serait honteuse si elle n'était passionnément comique, je demanderais la parole et je dirais simplement ceci :

— Citoyens, hâtez-vous d'accorder cette concession ; laissez à M. Auguste Rodin la liberté de montrer ses chefs-d'œuvre, afin que tous ceux qui viendront les voir puissent s'en aller réconfortés et émus, et se dire : « Eh bien, non, le génie français n'est pas mort !... »

(*Le Journal*, 12 juillet 1899.)

A PROPOS D'UN MONUMENT

Stuart Mill adorait la musique. Il nous a raconté, délicieusement, dans ses « Mémoires », qu'un jour, revenant d'un concert qui avait été fort beau, il fut pris, tout d'un coup, d'une mélancolie angoissante. Il se demanda si, depuis les temps immémoriaux qu'on écrit de la musique, c'est-à-dire qu'on assemble des notes entre elles et que l'on combine des sonorités, toutes les combinaisons musicales n'avaient pas été épuisées et si cet art magnifique de la musique, qu'il aimait par-dessus tous les autres, n'avait pas dit déjà, ou n'allait pas dire, bientôt, son dernier mot. Et ce fut un effroi véritable à cette idée soudaine et horrible d'un nouveau Mozart naissant au monde et ne trouvant plus rien à y faire que de la logique ou de la politique. Rentré chez lui, il se coucha, et, toute la nuit, il fut agité par une forte fièvre. Cette idée le poursuivant, le har-

celant, il en devint tout à fait malade, malade
d'une sorte de maladie de tristesse et de langueur
qui inquiéta fort ses amis. Il ne dormait plus, ne
mangeait plus, dépérissait, comme un pauvre
poitrinaire. Pour le distraire de cette obsession
dangereuse, au point qu'il en avait abandonné
tous ses travaux, on dut le faire voyager. C'est
alors qu'il vint en France, où la douceur du cli-
mat, la joie de la vie, et de précieuses amitiés
qu'il y contracta, redonnèrent à son esprit un peu
de calme. Il se dit que la nature étant inépuisable, l'art devait être infini. Et il se remit à
espérer que la musique ne fût pas morte. Sûr désormais qu'un nouveau Mozart, s'il naissait brusquement à la vie, pourrait encore créer des combinaisons musicales nouvelles et doter l'humanité
de nouveaux chefs-d'œuvre, il consentit à guérir.

Si, par le prodige d'une résurrection, Stuart
Mill venait en France aujourd'hui et qu'il prome-
nât ses tristesses parmi les monuments, éphémères
ou durables, de notre Exposition, peut-être n'eût-
il jamais guéri. Car il eût certainement transposé
ses craintes de la musique à l'architecture, où il
semble que les combinaisons soient moins infinies
et plus faciles à s'épuiser. Mais, peut-être qu'il
n'aimait pas l'architecture ? En tout cas, il eût été
frappé de ses perpétuelles redites et de ce que
notre époque, si féconde, qui innova en toutes
choses, n'ait rien innové en architecture, et qu'elle
en ait été réduite, depuis cent ans, à brouiller tous

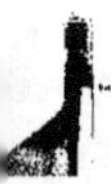

les ordres, rompre toutes les lignes, confondre
tous les styles, juxtaposer les époques les plus dis-
parates, pour chercher, en vain, une architecture
à elle... une architecture « moderne ». Et il eût
admiré, avec une réjouissante et discrète ironie,
que, dans un siècle de progrès, où il n'y a pas
d'architecture, les recensements comptent cent
mille fois plus d'architectes que dans les siècles
de barbarie, où il y en avait de glorieuses.

Je n'ai pas, hélas ! la logique de Stuart Mill.
Mais... hélas! j'ai sa mélancolie. J'ai compris
combien il avait dû souffrir, lorsque lui était ap-
parue cette catastrophe : la fin d'un art qu'il
aimait. Et je suis bien plus malheureux qu'il le
fut, car Wagner est venu, pour lui apprendre
combien chimérique était son désespoir. Mais nul
architecte ne viendra consoler le mien.

Hier, en me promenant, contribuable songeur
et rêveur citoyen du xxe siècle, à travers l'Exposition, j'ai senti cruellement que c'en est fini
de l'architecture, et que nous n'avons plus rien,
jamais, à attendre d'un art sublime qui conte-
nait tous les autres. Plus rien, jamais, que son
inéluctable et affligeante parodie ! On avait cru,
un instant, pouvoir renouveler les formes, en
renouvelant les matières de construction. On avait
essayé du fer, ô Eiffel ! Mais le fer est dur, sec,
plat, et il ne se modèle pas, comme la pierre,
dont la plasticité est admirable, et sur qui le temps
agit sans cesse, comme le coup de pouce d'un

sculpteur immortel et génial. De quelque matière
qu'on le recouvre et le grime, le fer ne donne
pas la nécessaire sensation architecturale de l'épais-
seur, et, quoi qu'on fasse, il gauchit facilement.
En outre, il a cet inconvénient de figurer je ne
sais quoi de transitoire, de démontable, de no-
made, d'industriel, qui ne convient pas à des
monuments dont la prétention est d'être durables,
sédentaires et nobles. On l'abandonnera, et c'est
déjà assez triste de penser qu'il continuera à servir d'armature périssable à des constructions décoratives autres que nos maisons d'habitation

Quand un art en est arrivé à ne plus trouver,
en soi-même, c'est-à-dire dans cette grande redoute,
intarissable forge de formes, qu'est la nature, des
formes nouvelles d'expression ; quand il est obligé
de s'en aller, cherchant dans le passé, ces lignes
et ces formes, et sous prétexte d'invention,
d'adaptation, de modernisme, de les briser, d'en
déséquilibrer les harmonies volontaires, c'est la
décadence... Voici une ligne droite, elle est belle
uniquement d'être droite. Eh bien, à un point dé-
terminé ou quelconque de cette ligne, je vais la
baisser ou l'élever, au moyen d'un angle .. je vais
lui faire décrire une courbe, l'obliquer à droite ou
à gauche, ou simplement l'interrompre. Elle ne
sera plus droite, elle sera « moderne ». Et c'est
ce qu'il faut aujourd'hui. C'est ce qu'ont fait les
innovateurs anglais, pour rénover le mobilier, ô
hideur ! C'est ce que font nos architectes français,

pour rénover notre architecture, ô tristesse ! Rénover notre architecture, ô Reims, ô Dijon, ô Char-
tres, ô Versailles ! Ils partent d'une forme gothique,
d'une ligne Louis XVI, d'"une forme et d'une ligne
réfléchies, qui ne peuvent être autres qu'elles ne
sont, et ils la brisent, et ils l'interrompent ! Et ils
sont modernes ! Il serait injuste d'accuser de cette
décadence irrémédiable ces braves gens qu'on
appelle, je ne sais pourquoi, des architectes. Ils
font ce qu'ils peuvent ; le malheur est qu'ils ne
peuvent plus rien pour la Beauté, ils peuvent
beaucoup pour la laideur. Mais ce n'est pas de
leur faute, car le mal est partout!

Au cours de cette promenade mélancolique à travers l'Exposition, je suis resté longtemps en contemplation devant les palais des Champs-Elysées. Ce
mot de « contemplation » n'est peut-être pas très
juste, car on lui attribue un sens d'admiration ou
d'extase qui dépeindrait mal l'état de mon âme
devant ces palais. Je ne les contemplais pas, je les
regardais. Et voici exactement ce qui m'arriva.
Je ne pensais pas que le grand palais fût absolument et entièrement très laid, du moins, que tous
les détails en fussent très laids. Je jugeai qu'il
s'en trouvait quelques-uns, parmi les pires « motifs », d'à peu près acceptables ; les colonnades,
par exemple, bien que, pour un monument moderne, il n'y ait là rien de nouveau et que les
colonnes me parussent trop grosses et peu en rapport avec la hauteur de la façade. Ce qui fait

la parfaite beauté des colonnades du Louvre et
des deux palais de la place de la Concorde, c'est
l'admirable proportion. La proportion juste et la
stricte observation des valeurs, là est tout le secret
de l'architecture. Malheureusement dans ce palais
des Champs-Elysées, ni proportion, ni valeurs.
Il est trop bas, trop écrasé, trop trapu, et ce
défaut de proportion se double encore du manque
de valeurs qu'est cette toiture en verre. Il faut qu'un
monument soit achevé, or le verre ne l'achève
pas. C'est une matière trop légère, trop brillante,
trop remuante, et qui ne s'accorde pas avec la
densité, la lourdeur, l'immobilité de la pierre.
Outre que ce toit est, au point de vue technique,
une lourde faute de valeur, au point de vue décoratif, c'est un non-sens. Car ces immenses toits
légers et miroitants donnent au monument un aspect provisoire de docks, de gare, de serre, qui
lui enlève toute gravité et toute signification.
Mais, j'ai appris que, primitivement, l'architecte
n'avait pas conçu son palais avec des toits de
verre. Seulement, le brave homme avait totalement négligé d'en éclairer l'intérieur. Par un inconcevable et vraiment comique oubli, les salles
restaient sombres comme des galeries de mines. La
lumière avait été supprimée, ce qui était vraiment
fâcheux pour des salons destinés à recevoir des tableaux. Il fallut bien réparer cet oubli, et on ne
trouva rien de mieux que de faire pénétrer, par le
haut, c'est-à-dire par le toit, une lumière nécessaire.

Ce palais a un autre défaut, et capital : c'est qu'il est inutile et même nuisible à la perspective, à cette belle trouée aérienne qu'il ouvre sur l'Esplanade des Invalides. La direction de la Seine commandait que les lignes des deux palais fussent obliques. Si elles avaient été droites, c'est le pont Alexandre III qui eût été forcé d'enjamber la Seine obliquement. Ces palais gâtent donc une admirable perspective, et rendent pour ainsi dire « mal dessiné », ce merveilleux espace de lumière, au fond duquel se dresse le Dôme des Invalides. Et voilà où en arrivent les architectes. Non seulement ce qu'ils bâtissent est laid, discord, inharmonique, mais, encore, ils obligent le ciel. ils forcent la lumière à s'inscrire dans des lignes si défectueuses et dans un mauvais dessin, qu'on dirait qu'ils sont peints sur une immense toile, par quelque hors concours du Salon, ou quelque membre de l'Institut.

Quand on pense que, sans ces deux palais, avec de beaux massifs d'arbres, de belles pelouses et de belles fleurs, cet endroit eût été merveilleux et le plus admirable de Paris ! Mais, c'était trop simple, et il fallait bien affirmer, par un exemple éclatant, que l'architecture est définitivement, et à jamais, morte.

Comme Stuart Mill je rentrai chez moi. Et je me couchai avec la fièvre.

(Le Journal, 4 mars 1900.)

L'ÉCHAFAUDAGE

Saviez-vous que l'*Angelus* de Millet ne fût pas de Millet ou, du moins, ne fût plus, presque plus de Millet? Si j'en crois ce que racontent des historiographes oculaires et véridiques, la peinture de ce tableau, fameux entre les plus fameux, et qui fit tant frémir de regrets d'abord, d'enthousiasme ensuite, notre belle âme nationale, était de fort mauvaise qualité. Soit qu'il eût été trop ou mal verni par de peu scrupuleux amateurs, soit que le peintre, qui était fort pauvre, eût employé une matière déplorable ou mêlé à la pâte de fâcheux ingrédients, ce tableau se craquela par endroits, s'écailla. Tout d'abord, on ne s'émut guère. A cette époque-là, l'*Angelus* de Millet étant tout entier de Millet, on ne le considérait pas comme un chef-d'œuvre; personne ne pouvait soupçonner qu'il le devînt un jour, qu'il devînt même quelque chose de plus: le symbole de la

patrie française... Peu à peu, de petits morceaux
se détachèrent qui, l'un après l'autre, tombaient
comme tombe la peau malade d'un visage de dar-
treux. L'homme peut se refaire à soi-même une
peau... et aussi une âme. Il n'en va pas de la sorte
pour les tableaux, qui ignorent ces vertus phy-
siologiques... On se contenta de reboucher les
trous, tant bien que mal. Millet étant mort à la
peine, des artistes quelconques, et dont on m'a
cité les noms, furent chargés de cette besogne
pieuse. Et il arriva ce phénomène d'une vraiment savoureuse ironie. A mesure que l'*Angelus*
était de moins en moins de Millet, sa réputation,
dans l'univers, grandissait. Mais le mal aussi grandissait, et rien ne pouvait plus le guérir. Chaque
année, de petits fragments se soulevaient, se bri-
saient, se détachaient. tombaient ; et pour ne point
laisser apparentes les blessures de la toile, on les
recouvrait de peintures différentes, si bien que, au
moment où l'*Angelus* de Millet entrait dans la
gloire universelle, il n'était plus ou presque plus
de Millet. Il était de tout le monde, sauf de Millet.
On ne sauva guère de la destruction que la signature et assez de ciel pour que, à travers ses ondes
sonores, on y entendît toujours le bruit de clo-
ches... C'est ce qui valut sans doute à ce tableau
désormais immortel d'avoir été, après un voyage
en Amérique, aussi retentissant et triomphal que
celui de M. de Castellane, acheté par un Français
— enfin ! — sept cent mille francs, je crois.

*
* *

Ce qui arriva à ce tableau arrive à tous nos monuments anciens. Ils sont de tout le monde aujourd'hui, sauf de ceux qui, jadis, les conçurent et les bâtirent. Sous prétexte de les conserver à l'admiration nationale, on les étaye, on les entoure d'échafaudages, on les gratte, on les scie, on les reconstruit, on les déshonore. Au lieu de les laisser mourir dans leurs glorieuses ruines, de leur mort glorieuse, les architectes s'acharnent à leur conserver une ignominieuse vie... Pouvez-vous imaginer un Rembrandt repeint par Bonnat, un Botticelli par Bouguereau, un Holbein par Dagnan-Bouveret, un Tiepolo par Benjamin Constant, un Memling par Gérôme, un Van Dyck par Flameng? Vous protesteriez de toutes vos forces, vous crieriez au scandale !... Eh bien, c'est ce qui se passe pour nos monuments. De leur gloire ancienne, de leur beauté initiale, il ne leur reste plus que la marque des architectes modernes qui osèrent ce vandalisme de les réparer. Allez donc, allez donc revoir sans colère et sans honte le château de Blois, le portail de la cathédrale de Rouen... et tous les châteaux et toutes les cathédrales de France ! Quelle pitié !

— J'habite en face la Sainte-Chapelle, me disait, tout à l'heure, un visiteur indigné... A toute heure

de la journée, je puis la voir, émergeant de l'igno-
ble bâtisse qui la masque... Mais il faut bien que
je supporte la bâtisse, puisqu'elle est là, éternelle
et légale, par la seule force de la prescription. Eh
bien, il y aura prescription bientôt pour les échafaudages qui entourent le vénérable et délicieux
monument... Savez-vous depuis combien de temps
ils sont là, ces échafaudages? Depuis 1830, mon
cher monsieur!... Révolutions et gouvernements
passent et se succèdent. Les échafaudages demeurent. On les enleva une fois, à la venue du tsar...
On les replaça ensuite, quand le tsar fut parti. Il
faut croire que c'était une des conditions de l'al-
liance.

— A quoi servent ces échafaudages? demandai-je.

Le visiteur répondit :

—Personne n'en sait rien... personne n'en saura
jamais rien !

— Croyez-vous qu'ils supportent des ouvriers?

Le visiteur fit un geste mystérieux.

— L'an passé, dit-il, deux maçons, durant quinze
jours, ont travaillé, ou fait semblant de travailler... Puis ils ont, tout d'un coup, disparu... Et
les échafaudages sont redevenus déserts... hantés
des seules corneilles et des choucas, au bec jaune!...
Etaient-ce même des maçons, ces deux maçons?
Je me le suis souvent demandé. Beaucoup en
doutent. Beaucoup s'imaginent maintenant que
c'étaient des revenants... des fantômes... on ne

sait quoi d'extraordinaire et d'irréel. En tout cas, ces deux êtres, vrais ou faux, chair ou fumée, spectres ou maçons, ne sont pas revenus... ne sont jamais plus revenus !...

— Ils ne reviendront plus jamais, peut-être !

— Qui sait? Il en reviendra peut-être d'autres, sous d'autres apparences, dans quelques années !

Nous étions un peu pâles, tremblants, mal à l'aise comme au récit de quelque terrible histoire de démon. Envahi, moi aussi, par une sorte de terreur, je demandai :

— Enfin, vous les avez vus?

— Dame !

Je répétai, solennellement :

— Vous êtes bien sûr de les avoir vus? de vos yeux vus ?... Vous êtes bien sûr que ce n'était point là une hallucination ?

Après un silence angoissant, le visiteur répondit d'une voix basse et mal assurée :

— Je ne crois pas... Non, en vérité, je ne crois pas que ce fût une hallucination...

Il se pressa le front, se tâta la poitrine, vérifia le mouvement de son pouls...

— Je ne suis pas malade... je n'ai jamais été sujet à des crises nerveuses... D'un autre côté, mes idées positivistes me défendent de croire à une intervention surnaturelle quelconque. Je nie les apparitions, les spectres, la magie, le pocsque... quoique, dans le domaine de l'administration française, le fantastique s'obstine à régner !...

— En somme?

— En somme, mon cher monsieur, je crois vraiment que ces deux êtres que j'ai vus, étaient bien deux maçons. Je le crois d'autant mieux que j'ai vu, hier — oui, hier ! — quelque chose de bien étonnant .. quelque chose de plus étonnant encore que ces deux maçons ?

— Quoi donc ?... interrogeai-je haletant, la gorge serrée par l'émotion...

— J'ai vu, reprit le visiteur, un homme en chapeau de soie, en chapeau haute forme... et qui portait dans sa main un mètre déplié... et, sous le bras gauche, une serviette de cuir !... J'ai vu cet homme arpenter l'échafaudage... durant que deux autres hommes, en blouse blanche, sciaient, l'un après l'autre, les clochetons du monument !...

— Dans quel but ?... criai-je.

— Je l'ignore... Mais quelqu'un que j'ai interrogé m'a dit : « Les clochetons sont sans doute maculés de poussière... On les scie... on les descend pour les gratter et les repasser au plâtre ! » Est-ce bien là une explication ?...

— Il n'y a jamais d'explication ! murmurai-je d'une voix de table tournante.

Et nous restâmes quelques minutes silencieux et glacés.

*
* *

Quand je reconduisis le visiteur, l'impression de malaise où nous avait mis l'apparition d'êtres vivants à travers les échafaudages de la Sainte-Chapelle s'était dissipée. Peu à peu, nous étions redevenus gais et bien Parisiens... Le visiteur me dit :

— Un jour, je me trouvais à la terrasse de Tortoni. Latour Saint-Ibars, qui était là, se leva pour partir et, en se levant, il renversa une table et cassa tous les verres qui étaient dessus... Alors, quelqu'un improvisa aussitôt les deux vers que voici :

> Ce Latour-Saint-Ibars a d'étranges façons :
> Il fait de mauvais vers, il en casse de bons !

— Je comprends l'apologue ! répliquai-je... Ainsi font les architectes de ce temps... Ils bâtissent des monuments fort laids... ils détruisent les beaux...

— Comme tout le monde !...

Et sa voix, dans l'escalier, était déjà lointaine...

(*Le Journal*, 18 mars 1900.)

L'ART ET LE MINISTRE

A peine les fêtes de l'Inauguration que vous savez étaient-elles terminées que j'eus l'étonnement de voir entrer dans mon cabinet... qui ? Ah ! je vous le donne en cent !... M. Georges Leygues...

M. Georges Leygues en personne.

Ses vêtements étaient encore couverts de plâtre, et de poussière ses chaussures. Mais quel plâtre et quelle poussière ! Il s'abattit plutôt qu'il ne s'assit dans un fauteuil.

— Qu'y a-t-il donc ? m'écriai-je. Quel malheur vous est arrivé ? Ne seriez-vous plus ministre ?

— Je viens, répondit M. Georges Leygues, de constater avec une sorte d'effroi que, non seulement je suis ministre de l'instruction publique... mais que je le suis aussi des beaux-arts. Non seulement j'instruis la France, mais je la décore !

— Voilà qui n'est pas d'aujourd'hui, hélas !... regrettai-je...

— Sans doute... Mais jamais cela ne m'a paru aussi évident qu'aujourd'hui !... Voulez-vous, mon cher Mirbeau, que je vous parle à cœur ouvert ?...

Depuis quelque temps, je suis au mieux avec M. Georges Leygues, car les hasards de la vie m'ont permis de vérifier la loyauté de son âme, la perspicacité de son intelligence, toutes les beautés, toutes les générosités, toutes les spontanéités de sa nature... Enfin, j'adore cet homme pour la rare confiance qu'il m'inspire. Je répondis, un peu ému :

— Certes, je le veux !... Je vous en prie même !..

M. Georges Leygues se recueillit un instant, et voici comment il parla :

— Non seulement je n'entends pas grand'chose aux questions d'instruction publique, mais, dans les questions d'art et de beaux-arts... je n'y entends absolument rien du tout... j'y suis même d'une incompétence qui me désespère. En temps ordinaire, cela ne me gêne pas... et Roujon s'en tire du mieux que peut Pol Neveux... Aux fêtes commémoratives, aux banquets, aux enterrements d'artistes, j'invoque l'art français... le génie de l'art français, la tradition de l'art français... Je leur fourre habilement du Watteau et du Fragonard... Ça ne compromet personne, et tout le monde est content !... Parbleu ! je sais aussi ce que c'est que Gervex, Flameng, Maignan et Benjamin Constant... et les monuments que je leur donne à décorer le savent aussi...

— Oh ! oui ! Ils le savent, les malheureux !...

— Et ils n'ont pas fini de le savoir... J'ai donc, avec les artistes dont je viens de vous citer les noms, des points de repère, si j'ose dire... Oui, mais... dès qu'il s'agit d'un artiste que je ne connais pas et à qui je n'ai pas donné la décoration d'un palais et la décoration de la Légion d'honneur... dès qu'il s'agit d'un tableau sur lequel cet admirable et ingénieux Thiébaut-Sisson n'a pas exprimé d'opinion dans un sens ou dans un autre, me voici tout de suite fort embarrassé... Est-ce bien ?... Est-ce mal ?... Ça, je ne sais pas !... Et, pour un ministre des beaux-arts, vous avouerez que c'est là une posture gênante. Ainsi, hier, on m'a montré une série de tableaux... On voulait que je les achetasse pour l'Etat... Roujon n'était pas là, Pol Neveux non plus, et ce diable de Thiébaut-Sisson n'avait pas émis son avis... Naturellement, j'ai regardé ces tableaux, je les ai examinés d'un air de connaisseur, j'ai esquissé devant eux des ronds isolateurs, comme font les peintres, et j'ai dit : « Oui !... Oui !... Oui !... » avec une façon de gestes et une intonation que j'ai dans ces circonstances difficiles et qui peuvent signifier aussi bien : « Quels chefs-d'œuvre ! » que : « Quelles croûtes ! » Mais j'avais affaire à un personnage indiscret ; il me pressait de lui donner mon opinion... Et, comme je craignais — si je trouvais beaux les tableaux et qu'ils fussent laids, si je les trouvais laids et qu'ils fussent beaux, — de passer pour un imbécile, je prononçai gravement : « Comme homme, je suis avec vous !... Mais comme ministre, je ne puis approuver qu'un certain degré d'art !... » C'est une phrase qui me réussit assez... Elle me réussit... mais elle ne me suffit plus... Il m'en faut d'autres !...

— Et pourquoi ?... demandai-je...

— Mais, mon cher ami, songez que, durant l'Exposition, je vais me trouver avec des personnages considérables, des artistes étrangers qui vont m'interroger... me parler d'un tas de choses et d'un tas de genres que j'ignore totalement. Il faudra que je précise... que je formule. Ils ne se contenteront pas de gestes vagues et d'exclamations amphibologiques... Ils exigeront de moi — et c'est juste, en somme — des idées... des sensations... des opinions !... Or, je n'en ai pas... je n'ai rien de tout cela...

— Vous avez, au contraire, mon cher ministre, une abondance oratoire, une inlassable éloquence qui m'a toujours émerveillé !...

— Parlez !... Ah ! parlez... cela ne me gêne pas, parbleu ! Je puis, pendant cinq heures d'horloge, discourir sur n'importe quoi... Mais c'est dire quelque chose qui me gêne énormément... comprenez-vous ?... Ça, je n'ai jamais pu...

M. Georges Leygues avait un air navré qui me faisait peine à voir. J'essayai de le consoler, en lui démontrant que l'art oratoire était précisément de ne jamais rien dire... Mais il poursuivit avec un accent de tristesse, de plus de tristesse encore :

— Voyez, pourtant, si je suis scrupuleux… si j'ai le désir d'apprendre… la volonté de sentir… si, moi aussi, je me prépare à ouvrir, toutes grandes, à nos invités, les portes de mon esprit. Hélas ! comme l'Exposition, mon esprit n'est pas prêt… et je crains qu'il ne soit jamais prêt… Tous les matins, je vais au Louvre… Je m'assieds devant des tableaux dont je sais qu'ils sont beaux réellement, indiscutablement beaux… Ils sont beaux, parfait !… Ça, je le sais. Mais pourquoi sont-ils beaux, en quoi sont-ils beaux ? Je n'en sais rien… je ne puis pas le savoir !… Ah ! mon cher Mirbeau, que la vie est triste !… Il n'y avait qu'une seule chose au monde dont je susse très bien en quoi et pourquoi elle était belle. C'était, à la Comédie-Française, le plafond de Mazerolles ! Et il est brûlé ! J'ai voulu le reconstituer, ce plafond, dans son cadre et dans son esprit… Mais il s'est élevé autour de moi un tel tolle que j'ai dû renoncer à cette idée incomparable, qui était plus qu'une idée, qui était pour moi une source !… Avec Rembrandt… avec Holbein… avec Ghirlandayo… avec Velasquez… avec Albert Durer, je ne puis pourtant pas parler de l'art français… du génie de l'art français… de la tradition de l'art français… Et si je ne puis parler de cela, de quo donc puis-je parler ?… Et si je ne parle pas du tout, de quoi ai-je l'air, en face de ces étrangers curieux, ironiques et instruits ? Comme homme, comme ministre,

comme Français, je ne puis pourtant pas exposer
la France, que je représente, à une infériorité si
flagrante... Je ne puis pas l'exposer à recevoir de
tels camouflets. Ce serait trop douloureux pour la
France et pour moi, mon cher Mirbeau... Et Roujon serait trop content !

— Alors, mon cher ministre, donnez votre démis-
sion...

— Vous savez bien que c'est impossible ! gémit
M. Leygues. Et puis, moi ou un autre, allez !...
Ah! si vous connaissiez comme moi l'âme d'un
ministre !...

— C'est juste !...

— Non, vous ne pouvez pas savoir à quelles avanies je suis exposé, tous les jours !... Et cela ne
fait que commencer... Jugez-en... A la fête d'aujourd'hui, fête de l'art et de l'industrie... je causais
avec un ambassadeur d'une grande puissance.
C'est un homme étonnant et qui sait tout ce qui
se fait chez nous. Il me dit tout à coup : « Monsieur
le ministre, j'ai acheté deux Vuillard et deux
Bonard. Je serai fort heureux que vous les vissiez
et m'en donniez votre avis. Ils sont exquis... Dans
la peinture moderne, je ne connais pas de plus
riche matière que la leur... d'harmonie mieux
réfléchie, d'art plus sobre et plus somptueux... Ce
sont des artistes d'un talent incomparable... Comment se fait-il qu'ils ne soient pas représentés dans
vos musées de l'Etat? » Allons, bon ! Vuillard,
Bonard !... Qu'est-ce que c'est encore que ces

peintres-là ?... Et d'où sortent-ils ?... J'étais fort
embarrassé... Roujon était au diable... Pol Neveux
causait avec une dame... En vain, je cherchai
Thiébaut-Sisson... Que faire ? Que dire ?... Je
répondis : « Oui !... Oui !... Oui !... » sur ce ton
vague que vous connaissez... Pourvu que cet ambassadeur ne me prenne pas pour un imbécile !...

— Alors ?

— Alors, voilà ce que je voudrais... Je voudrais
que vous me tuyautassiez sur l'art contemporain...
J'en suis resté à Gervex, à Flameng, à Maignan
et à Benjamin Constant...

— Mon cher ministre, lui dis-je, j'admire vos
scrupules, mais je les combats... Je vous en prie,
gardez donc votre belle simplicité ; comme disent
les peintres, elle est d'ensemble avec votre belle
nature... et votre belle nature est d'ensemble avec
votre fonction. Le jour où vous seriez un artiste,
le jour où vous seriez capable de sentir la beauté
auguste d'une forme, le jour où vous sauriez pourquoi un chef-d'œuvre est un chef-d'œuvre, en quoi
Vuillard et Bonard sont de braves gens et de
grandes âmes d'artistes, ce jour-là, vous seriez tellement dégoûté de vous-même, et de votre besogne
et de vos peintres, et de vos plafonds, et de tout ce
que vous protégez, et de tout ce que vous admirez,
que vous vous enfuirez, épouvanté, de ce ministère,
de tous les ministères où vos mains se cramponnent
et d'où vous décramponneront bientôt vos élec-
teurs...

Mon ami Georges Leygues se leva, très pâle...

— C'est bien ! fit-il. Je vais chez Thiébaut Sisson...

Et, me regardant avec un air de défi, il ajouta :

— Et je lui flanquerai les palmes académiques... Ah !...

Et il sortit...

Depuis, j'ai l'âme pleine d'inquiétudes... Mon ami Leygues est-il encore mon ami ?

(Le Journal, 15 avril 1900.)

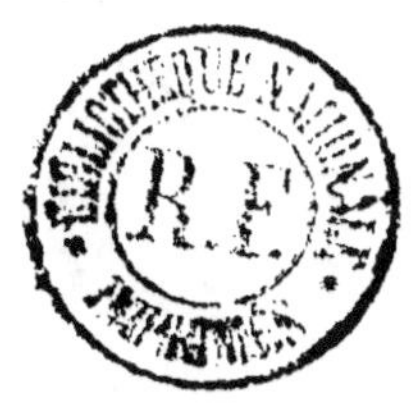

A QUI DE DROIT !

J'ai reçu, hier, les doléances de M. Paul Gallimard. M. Paul Gallimard est un homme très riche
et un collectionneur très coté. Il collectionne des
livres, des tableaux... et des rentes. Car il faut
avoir des rentes pour collectionner des tableaux,
et des tableaux pour collectionner des rentes. Les
tableaux de M. Gallimard sont très beaux,
quelques-uns sont illustres dans l'histoire de l'art.
Quand l'inexplicable amateur boudait encore sur la
peinture impressionniste et n'y voyait qu'une
« variété de charcuterie », selon l'expression si
joliment, si délicatement esthétique d'un de ses
plus ardents détracteurs devenu l'un de ses plus
fervents adeptes d'aujourd'hui. M. Paul Gallimard achetait, achetait... Il achetait des Manet,
des Claude Monet, de divins Renoir, des Pissarro, des Degas, des Cézanne... Il en a d'admirables, et qui ne lui ont pas coûté cher, et qui

valent beaucoup d'argent. Ce qu'à Dieu ne plaise !
s'il prenait fantaisie à M. Gallimard de « faire sa
vente », comme on dit dans le monde spécial des
amateurs, il pourrait adjoindre aux nombreuses
maisons de rapport qu'il collectionne aussi dans
Paris, des maisons et des maisons, et encore des
maisons... C'est là qu'est le mérite du vrai collectionneur, et sa récompense.

J'ai donc rencontré, hier, M. Paul Gallimard.
C'est le hasard qui m'a mis sur son chemin, et non
pas l'amitié. Je n'ai pas l'honneur d'être l'ami de
M. Gallimard et je le regrette, car rien ne me
serait doux comme l'amitié, hélas ! d'un homme
riche. Je le connais seulement, ainsi que tout le
monde. Je connais surtout ses tableaux pour les
avoir admirés jadis à des expositions diverses où
je me passionnai, entre autres les *Meules*,
cette toile si poignante, d'une véritable grandeur
cosmique, de M. Claude Monet.

Quand je rencontrai M. Paul Gallimard, il était,
du moins il me parut, tout bouleversé. Et il y
avait de quoi, comme vous allez voir. M. Gallimard vint à moi comme à un sauveur et il me dit,
avec infiniment d'émotion :

— Mon cher monsieur, je vais vous confier
une chose très importante... Il se passe dans
l'administration française d'étonnantes gabegies,
en vérité... C'est à ne pas croire... Il faut que ce
que je vais vous confier me soit arrivé à moi,
Paul Gallimard, pour que j'y croie !... Cela serait

arrivé à d'autres que je n'y eusse pas cru un seul
instant. Dieu sait pourtant si je la connais, l'administration française !... Ah ! si je la connais !

Et il leva vers le ciel, dans un beau mouvement d'éloquence indignée, des bras attestateurs...
Ayant ainsi fait, M. Paul Gallimard continua :

— Vous savez que je possède de très beaux
tableaux et que j'en ai pour beaucoup d'argent...
Excusez-moi de vous parler d'argent à propos de
mes tableaux, mais vous allez comprendre pourquoi et sentir que ce n'est point, de ma part,
vanité d'homme riche ou vantardise de collectionneur heureux... Peut-être ignorez-vous que je
suis anarchiste, ou à peu près... L'administration des beaux-arts, qui connaît ma galerie — je
dis « galerie » : c'est un mot un peu vieux mais si
charmant ! — me demanda de lui prêter parmi
mes tableaux les plus beaux et les plus illustres,
pour qu'ils figurassent à l'exposition centennale...
Naturellement, j'y consentis... C'est une question
de patriotisme, et puis les tableaux, d'avoir
séjourné à cette exposition mémorable, acquer-
ront plus d'illustration encore et plus de valeur...
C'est une bonne œuvre, en même temps qu'une
bonne affaire... Devais-je hésiter ?... Non, n'est-ce
pas ?... En reconnaissance de quoi, et sans que
j'aie sollicité en rien cet honneur, je fus nommé
membre de la commission de ladite exposition,
avec quelques autres amateurs et quelques divers
critiques d'art !... En effet, cinq ou six jours

après, je recevais la nouvelle officielle de ma nomination par un papier revêtu de toutes les signatures et timbres obligatoires... Mais ce grand honneur se borna là... Jamais plus je n'entendis parler de la commission et jamais je ne fus prié de participer à ses travaux !...

— Ne vous en plaignez pas, monsieur Gallimard, dis-je pour le consoler, car ses dernières paroles, il les avait prononcées sur le ton d'une véritable tristesse... Car enfin, vous devez savoir ce que c'est qu'une commission.

M. Paul Gallimard répondit avec amertume :

— Je le sais maintenant !...

Et il continua son récit :

— Le moment venu, je choisis consciencieusement mes meilleurs tableaux, et même je me chargeai — ô bonhomme et naïf commissaire que je suis ! — de recruter chez de certains amateurs réfractaires — il y en a — à toutes sortes d'expositions, des toiles admirables que l'administration ignorait !... Car que n'ignore pas l'administration française des beaux-arts ?... C'est quelque chose de prodigieux !... Mais ne récriminons pas ! Sous la déclaration formelle de M. Molinier — conservateur au Louvre et président de la commission qui ne se réunit jamais — que mes tableaux seraient garantis de tous risques par de bonnes et valables assurances, je les envoyai... A dire d'experts, il y en avait pour une somme : quatre cent mille francs !... sans compter la valeur morale, bien entendu... Les jours, les semaines, les mois passèrent, et je n'entendis plus parler de cette assurance ni de mes tableaux... Où étaient-ils ? Comment étaient-ils traités ? Des histoires sinistres circulaient, fausses sans doute et néanmoins plausibles, étant donnés la hâte, la fièvre, la poussière, le désordre, les plâtras au milieu desquels on poussait l'achèvement des derniers travaux... Il était bien naturel que je désirasse être informé du sort de mes chères toiles... et j'écrivis à M. Molinier... Il me revenait de tous les côtés que M. Molinier était un peu vif mais charmant... Cet homme vif mais charmant ne me répondit pas... J'écrivis encore... et encore... Rien !... J'étais fort inquiet, je vous assure, et ne savais à quoi me résoudre... Mauvaises étaient mes nuits, hantées d'horribles cauchemars où je voyais mes tableaux, mes tableaux bien-aimés, servir à tous les panoramas mouvants de l'Exposition et danser du ventre, frénétiquement, sur des scènes espagnoles !... Si vous êtes collectionneur de n'importe quoi, vous pouvez comprendre par quelles transes, quelles sueurs froides, quelles angoisses mortelles je passai !... Sur ces entrefaites, je rencontrai au grand Palais M. Molinier... Bien qu'il fût très affairé, j'allai à lui, et telle fut la conversation qui s'engagea entre nous... C'est une scène d'histoire. « Monsieur Molinier ? — Quoi ? Qu'est-ce qu'il y a encore ? — Je suis M. Paul Gallimard, collectionneur ? — Et puis après ? — J'ai

eu l'honneur de vous écrire ? — Eh bien ? — Au
sujet de mes tableaux ! -- Eh bien ? — Vous ne
m'avez pas répondu ! — Est-ce que j'ai le temps ?
— Je suis cependant, outre ma qualité de collectionneur bien connu, commissaire de cette commission que vous présidez et à laquelle, d'ailleurs,
vous ne m'avez jamais convoqué. -- Est-ce que
j'ai le temps ? — Mais votre métier, monsieur, est
d'avoir le temps ! — Enfin, que voulez-vous ? ---
Je voudrais savoir si mes tableaux sont assurés. —
Je n'en sais rien ! — Cependant... — Je n'en sais
rien ! — Vous devez comprendre, pourtant...
— Je comprends que vous m'ennuyez, là ! —
Puisque vous le prenez sur ce ton, monsieur,
j'exige que vous me laissiez voir mes tableaux...
Sais-je seulement ce qu'ils sont devenus ?... Ils
sont peut-être égarés, crevés !... Je veux les
voir... » Et je fis mine d'entrer dans une salle...
M. Molinier, homme vif mais charmant, m'arrêta et il me dit : « On n'entre pas ! — Comment ! On n'entre pas ? — Non ! » Alors, furieux,
je criai : « Eh bien ! si je ne puis entrer, il y a
toujours une chose que je puis faire... C'est de
faire sortir mes tableaux ! — Reprenez-les donc.
Je m'en fous ! » Non, en vérité, je n'invente
rien... je ne charge pas... M. Molinier, homme vif
mais charmant, me dit textuellement à moi, Gallimard, collectionneur bien connu, ces mots : « Je
m'en fous ! » Exaspéré, je me rendis aussitôt
chez l'expert à qui j'avais confié le soin de faire

parvenir mes tableaux et à qui, dans une lettre motivée, je confiai le soin contraire de me les ramener... Mais l'expert se heurta à M. Roger Marx, qui lui dit : « Ce qui entre ici n'en peut pas sortir... n'en peut jamais plus sortir ! Les tableaux entrés laissent ici toute espérance d'en sortir ! » M. Roger Marx fut inflexible et dantesque et l'expert se retira...

M. Paul Gallimard s'épongea le front, car le souvenir de cette scène lui avait donné très chaud à la tête. Il soupira :

— Depuis lors, je ne sais plus rien... Où sont mes tableaux ?... Je ne sais pas... Sont-ils assurés ?... Je ne sais pas... Et comment faire pour le savoir ?... Je ne sais pas... Et si les miens ne sont pas assurés, les autres, tous les autres ne le sont pas davantage !... Ne trouvez-vous point, mon cher monsieur, qu'on agit un peu trop cavalièrement avec la bonne volonté des collectionneurs ?

— Hélas ! lui dis-je, votre histoire, mon pauvre monsieur Gallimard, mais c'est toute l'histoire de l'administration française... Hier, M. Georges Leygues n'oubliait-il pas d'ordonnancer les traitements des professeurs... qui ont dû se brosser le ventre, tout un mois ?... On oublie aujourd'hui d'assurer des tableaux que vous avez obligeamment prêtés... Mais c'est évident... Et qu'y puis-je ?

— Vous pouvez, supplia M. Gallimard, porter,

par la voie de la presse, mes plaintes à Qui de Droit.

— Ah ! Qui de Droit, mon pauvre monsieur, mais ce n'est personne... Et, de même que M. Molinier, homme vif mais charmant, « il s'en fout ! »

Et M. Gallimard, propriétaire très riche, collectionneur douloureux et commissaire illusoire, me quitta, la mort dans l'âme.

(*Le Journal*, 29 avril 1900.)

BERNHEIM INAUGURÉ

Le ministre de l'Instruction publique et des Beaux-Arts, accompagné de quelques fonctionnaires sans importance de ses départements, a inauguré, hier matin, à dix heures, le curieux palais dit « Palais du Théâtre populaire ». Personne n'a rendu compte de cette solennité. Qu'on me permette de combler cette lacune déplorable.

On sait que le Palais du Théâtre populaire, par suite de circonstances fâcheuses, dolosives et symboliques, se trouve situé dans les jardins du Trocadéro, parmi les échafaudages inachevés du village hindou. C'est une construction fort bizarre et dont il est difficile même à un Viollet-le-Duc de définir le style qui ne ressemble à aucun style connu Elle diffère des autres constructions en ce qu'elle n'est pas, à proprement parler, une construction. A proprement parler, elle offre tous les caractères d'une non-construction, si une telle chose peut, architectoniquement, se concevoir. Construction ou non-construction, elle se compose d'un terrain vague, entièrement nu, que décorent çà et là quelques cailloux et quelques ronces d'un réalisme saisissant, et aussi quelques chardons d'une sévère beauté anglo-belge, qui furent empruntés au jardin particulier de M. Georges Leygues. Au milieu de ce terrain, une table. Devant la table, M. Bernheim lui-même, assis entre deux hautes piles de rapports imprimés et manuscrits. Un immense parapluie tricolore, obligeamment prêté par l'administration du garde-meuble, est vissé au centre de la table, non dans une vaine pensée de décoration, mais pour préserver M. Bernheim des rhumatismes et ses rapports contre le double inconvénient du soleil ou de la pluie. Rien d'autre.

J'étais là, fortement impressionné par la sobriété de cette architecture et la nouveauté de ce décor, lorsque M. Georges Leygues, hier, à dix heures, se présenta pour leur donner la consécration officielle, ce que les prêtres appellent la bénédiction. Avec tout l'empressement respectueux qu'expliquent la générosité de sa belle nature et la spontanéité de ses fonctions administratives, M. Bernheim se précipita violemment à la rencontre du ministre... Il s'excusa :

— Pardonnez-moi si je n'ai pour vous recevoir, monsieur le ministre, que le triple et obscur et idéal flambeau de l'art, de la littérature et de la science.

M. Leygues sourit, et il répondit modestement :

— Ce flambeau me suffit... Je n'en voulais pas d'autre.

M. Bernheim s'excusa encore :

— Pour donner à cette cérémonie inaugurale toute la signification populaire et démocratique qu'elle comporte, je n'ai convoqué personne...

M. Leygues répliqua :

— Et vous avez fait selon mes plus chers désirs... Peut-être eussiez-vous pu convoquer exceptionnellement Fournière...

— J'y ai songé, monsieur le Ministre. Hélas ! Fournière ne veut plus rien savoir !

— Alors, c'est au mieux !... Je vous adresse tous mes compliments.

Et il embrassa d'un coup d'œil satisfait et visiblement ému le terrain vague, la table, le parapluie, et la double pile des rapports, pareils aux colonnes d'un temple en ruines.

— Parfait !... parfait !... s'écriait M. Georges Leygues... Je suis heureux de voir avec quelle précision, quelle pénétration, avec quelle intelligence merveilleuse vous avez réalisé la conception que je m'étais faite d'un théâtre populaire.

— Je n'y ai aucun mérite !... balbutiait M. Bernheim... Tout le mérite est à vous, monsieur le Ministre.

— Vous en avez votre part, mon cher Bernheim. Le Théâtre populaire ! Ah ! je puis le dire avec orgueil, ça été la plus haute pensée de mon règne...

Rendez-moi cette justice, Bernheim, que je n'ai
rien négligé pour atteindre à cette réalisation d'un
théâtre populaire, tel qu'ici je le vois fidèlement
représenté sous mes yeux... Quelle chose douce,
quelle satisfaction profonde pour un ministre tel
que moi d'avoir un collaborateur tel que vous !

— Je n'y ai aucun mérite, je vous le répète, réci-
téra M. Bernheim. Vous m'aviez dit, un jour, dans
cette forme lapidaire dont vous avez le secret :
« Bernheim, qu'est le Théâtre populaire ? Rien...
Que doit-il être ? Rien... » Je me suis conformé à
cette formule éloquente... Et si je suis parvenu à
rendre tangible, expressive, plastique même, si
j'ose dire, votre pensée sublime, monsieur le Ministre, c'est à vous seul que je le dois...

Et, d'un geste ample, il montra à son tour le
terrain vague et les ronces qui, si tristement, se
navraient parmi les cailloux et les plâtras. Puis
il dit :

— Que doit-il être ?... Rien !... Or, je crois
qu'il est impossible de donner l'idée de rien mieux
que ne la donne ce palais du Théâtre populaire...

Le ministre prit alors un ton oratoire :

— Vous êtes un bon serviteur, Bernheim... Et
votre modestie ajoute encore à votre mérite un
prix inestimable... Le gouvernement que je représente, l'art que je représente aussi, la littérature
et la science que je représente pareillement, vous
doivent beaucoup... Ils sont heureux de vous dé-
cerner, par mon intermédiaire, une récompense

dont vous apprécierez, j'en suis sûr, l'intention délicate... Bernheim... je vous nomme commissaire du gouvernement près le Théâtre populaire !... Il est juste qu'ayant été à la peine, vous soyez aujourd'hui à l'honneur !...

Mais M. Bernheim avait fait une grimace... Malgré lui, il ne put s'empêcher de regarder le revers de son habit, où il avait préparé une boutonnière assez large et profonde pour y recevoir une énorme rosette... Il voulut parler... Mais déjà M. Leygues descendait, suivi de son cortège, les pentes caillouteuses du Théâtre populaire, et il disparaissait entre les échafaudages du village hindou... allant vers d'autres joies inaugurales et consécratoires.

Et c'est pourquoi M. Bernheim, depuis lors, offre aux visiteurs du Théâtre populaire un visage si attristé, sous le parapluie tricolore, entre les deux hautes piles des rapports imprimés et manuscrits...

(Le Journal, 3 juin 1900.)

UNE HEURE CHEZ RODIN

Si l'on n'était pas au fait de ce qu'est, en général,
ce singulier personnage qu'on appelle un critique
d'art, si l'on ne savait pas qu'il ressemble beaucoup à ce drolatique et problématique industriel
dont le métier — pas plus absurde que le sien —
consistait à ramasser le crottin des chevaux de
bois, il y aurait lieu, souvent, d'être, selon sa
nature, étonné, indigné ou réjoui en le lisant. Il
est bien évident que personne — à quelques excep-
tions près — ne manque aussi complètement qu'un
critique d'art d'impressions personnelles ou du
sens de la beauté, car s'il demeure insensible
devant la nature, il doit l'être bien davantage
devant une œuvre d'art. Jamais il ne vit de soi et
en soi ; ainsi que tous les parasites, il vit dans les
autres et sur les autres. Par bonheur on le lit peu,
et même pas du tout, pour cette raison supérieure
qu'il joint à son incompétence un ennui si absolu

qu'il dégoûte de le lire le liseur le plus vorace, même le liseur boulimique pour qui toutes proses sont bonnes à lire. (Voir pour cette démonstration le cas, non particulier d'ailleurs, de M. Thiébault-Sinon, qui, paraît-il, a poussé le comique de sa profession jusqu'à un point où il est impossible de le qualifier, où il est à peine possible de le concevoir.)

Ces temps derniers, les critiques d'art s'en sont donné à cœur-joie. Il y avait mille prétextes, hélas ! à un tel déchaînement. La Décennale, la Centennale, les nombreuses exhibitions étrangères, nationales, contemporaines, rétrospectives, et surtout cette admirable, émouvante, unique exposition au coin de l'avenue Montaigne, des œuvres de M. Auguste Rodin, qui apprennent aux visiteurs aveuglés par les splendeurs baroques et composites de la grande foire universelle, ce que c'est, enfin, que le génie. Ah, ils l'ont arrangé, cuisiné à la sauce de leur esprit, le maître artiste du « Balzac » et du « Victor Hugo » ! Ils lui en ont fait voir de toutes les couleurs et de toutes les rhétoriques !... Ils l'ont expliqué, interprété, commenté, traduit, Dieu sait comme ! Ils lui ont retourné l'âme, la chair et la peau... Si Auguste Rodin n'avait pas l'âme forte et le solide cerveau qu'il a, s'il se laissait impressionner par tant de jugements incohérents, contradictoires, comme il serait épouvanté d'apprendre tout d'un coup, lui qui se croyait un statuaire, qu'il ne l'est pas, qu'il est quelque chose d'innommable et de monstrueux, un peu dieu, un peu démon, un peu serpent, un peu oiseau, un être à la fois primordial et panmorphiste, et si fabuleux qu'il serait capable de stupéfier toutes les bêtes de l'apocalypse. Il y a quelques années, au Champ-de-Mars, j'abordai M. Odilon Redon, fort occupé à regarder le Victor Hugo de Rodin.

— Eh bien ! lui demandai-je.

Alors M. Odilon Redon leva les bras au ciel, et avec une expression dont il me serait impossible de traduire la tristesse infinie :

— Sans doute, sans doute, fit-il... Mais comme tout cela est malade !

Ah ! dieux du ciel ! Qu'est-ce qu'il avait cru voir dans cette œuvre, d'une si forte et si noble santé ?...

Qu'est-ce qu'ils croient voir, mon Dieu, dans toutes ces figures de force, de grâce, de volupté, si frémissantes de vie humaine, si chaudes et si pleines de cette sève qui gonfle d'amour toutes les formes de la nature ?... L'un explique en de nombreuses pages solennelles et tortillées, que Rodin est un apôtre nu et ceint de cordes, qui va prêchant par les déserts et par les empyrées. L'autre déclare froidement que c'est un sociologue... Celui-ci veut que Rodin soit un mage venu de Mésopotamie ou bien un mahatma arrivé du Thibet pour des œuvres occultes et terribles. Celui-là le représente comme une sorte de prêtre satanique, un chanoine Docre qui célèbre des messes noires ou rouges à Meudon, ou bien un charmeur supraterrestre qui apprivoise, rue de l'Université, les symboles et les mystères... Il est le Futur, l'Incréé, l'Agrégat, le Postulat, le Sublime *à priori*, le Signe, l'Intersigne, le Paraclet et le Périsprit... Il est tout cela et bien d'autres choses encore ; mais nulle part, ou presque nulle part, je n'ai lu qu'il fût un statuaire, le plus savant, le plus parfait, le plus génial statuaire de ce siècle, et, sans doute, de tous les siècles, ce qui, pourtant, paraît suffisant à notre admiration et à sa gloire. Mais la palme du comique, je la donnerais volontiers à ce critique qui eut l'idée vraiment bien parisienne, d'établir un parallèle entre Gustave Moreau et Auguste Rodin. Ce critique démontre qu'Auguste Rodin et Gustave Moreau sont deux esprits strictement pareils, deux génies exactement jumeaux et que l'un exprima dans sa sculpture ce que l'autre avait déjà exprimé dans sa peinture, à savoir la beauté énorme et sanglante des mythes et l'angoisse énervée du contemporain... On croit rêver!... Accoupler Rodin inventeur de formes, créateur de mouvement, à Gustave Moreau, peintre des formules asservies! Apparier l'art de Rodin, splendide, formidable et libre comme un élément, à l'art bibelot et bric-à-brac de Gustave Moreau! N'est-ce pas le comble de l'incompréhension? Tandis que l'un sans cesse engendre des créatures toutes gonflées de la force de vivre et de la gloire d'aimer, l'autre péniblement accouche de petites académies, conventionnelles, léchées et mortes... Et c'est parce qu'il les sent si pauvres de plan, si molles d'ossature, si glacées de chair qu'il les recouvre de voiles sanglants ou de pierreries fausses... Il fait des mythes, c'est-à-dire de la mort, parce qu'il ne peut faire des hommes, c'est-à-dire de la vie... Rodin dresse en toute sa splendeur éternelle et féconde la volupté, maîtresse de la vie... Gustave Moreau ne cherche que les petites perversités et ne trouve que la jobardise... Rodin est toujours dans la nature, dans les harmonies de la nature, harmonies de formes, de mouvement et de lumière. Gustave Moreau, myope et sourd, enfermé dans son atelier, lèche et pourlèche de petits arrangements... Il truque, retruque et sur-truque... Il déforme les falaises de Monet pour en faire des fonds d'architecture et des salles de palais... il prend ci, prend là, partout où il peut prendre, sauf dans la nature et dans la vie, car, pour étreindre ces rudes femelles, il faut des bras plus puissants que les siens, et il faut de l'amour... Et il combine Bonguereau avec Monticelli, Cabanel avec Burne-Jones, Bouts avec Her Komer... Dans Rodin, tout est généreux, tout gronde, tout crie, tout s'élance... Dans Gustave Moreau, tout est mort, parce que tout y est factice. Le premier rayonne aux purs sommets de l'art... Le second, en bas, reste envasé dans la tradition et dans l'impuissance... Car la puissance et la beauté, ce n'est pas les avalanches de gemmes, et les étoffes de pourpre, et les flaques de sang, et, dans les visages de bois, les yeux cernés des vierges onaniques...

Le visiteur qui vient à l'exposition d'Auguste Rodin a de plus en plus conscience de ces choses. Il suffit qu'il ait l'âme simple et l'esprit préservé des théories et du mensonge des esthétiques. L'un d'eux me disait :

— J'ai d'abord été étonné, car jamais je n'avais rien vu des œuvres de M. Rodin, et tout ce qui est nouveau, tout ce dont mon esprit n'a pas l'habitude m'effraye et me trouble... Mais je suis revenu et revenu et j'ai été conquis violemment par cet art que je sens prodigieusement être de la vie. Je me sens maintenant en contact avec toutes ces figures d'une si étrange beauté — je dis « étrange » parce que c'est la première fois que je vois cette beauté humaine, cette beauté d'amour humain aux statues, et je leur parle sans terreur, avec confiance comme à des êtres que j'aimerais. Il m'est arrivé souvent de visiter des expositions de sculpture et je n'y ai éprouvé que des impressions pénibles... Il me semblait que je marchais dans un cimetière... Ici, c'est comme un jardin qui serait rempli de belles fleurs, je les respire, je me grise de leur odeur... je me sens moi-même devenir un être plus vivant ici... et ces femmes, et ces visages, et ces formes, me font comprendre les choses au delà d'eux-mêmes... Je comprends davantage la beauté des fleuves, des mers, des forêts, des grands ciels où passent les nuages... et des montagnes rondes comme des seins, « rondes comme tout ce qui contient une force » ainsi que l'a dit M. Alfred Jarry... Je suis bien heureux car j'étais un pauvre homme n'ayant qu'un horizon borné devant lui... Et voici que s'ouvrent devant mes yeux éblouis toutes les portes, et tous les palais, et tous les jardins de la vie!... Dorénavant, je ne pourrai plus voir d'autre sculpture que celle-là... Et peut-être aussi ces figures si belles des temples indonéerlandais qui, différentes de forme, me paraissent modelées dans la même lumière et dans la même volupté... Du moins, c'est ainsi que je les vois depuis qu'il m'a été donné de voir et de comprendre les figures de M. Auguste Rodin...

Et il me salua... Ce n'était pas un critique d'art; ce n'était ni un artiste ni un écrivain... C'était un passant... Il y a donc encore des passants.

(Le Journal, 8 juillet 1900.)

NOUVELLES ET ANECDOTES

Nous étions une vingtaine d'écrivains choisis
et d'artistes d'élite réunis, le soir, chez M. Paul
Deschanel... Cela donne une belle idée de notre
indépendance. Aujourd'hui les écrivains et les
artistes qui, par définition, sont des indépendants
enragés, ne se montrent plus si fiers dans leurs
relations sociales et mondaines... Ils vont partout... partout où l'on décore... Il y avait là,
naturellement, M. Benjamin-Constant, en sa double qualité de peintre génial et de profond penseur... Il n'est personne d'aussi répandu que lui
dans les cours de l'Europe... Les journaux, si fort
au courant des faits et gestes de cet illustre artiste,
nous apprennent qu'il se pavane, un jour, dans
les petits appartements intimes du Vatican. Le
lendemain on le signale, rêvant sous les ombrages
des jardins royaux, en Angleterre. Deux jours
après, court sur les fils télégraphiques, cette nou-

velle émouvante que M. Benjamin-Constant dîne
avec le tsar et soupe avec le sultan. Il ne peut
pas arriver quelque part, sans que des cortèges le
reçoivent et l'accompagnent. Et partout où il
passe ce ne sont que fêtes, musiques et acco-
lades... Tel, jadis, M. Frédéric Febvre quand il
promenait, à travers les trônes, la gloire française... Il n'y avait rien d'étonnant à ce que, reçu
la veille par divers rois de l'Europe, je le rencon-
trasse le lendemain chez M. Paul Deschanel... En
dépit des honneurs exceptionnels dont sont chargés son nom, sa poitrine et son génie, M. Benjamin-Constant est très accueillant... Il n'a point
cette morgue, cet abord un peu hautain de M. Paul
Bourget, qui n'est pas encore revenu de causer
familièrement avec des archiducs. Je l'aime beaucoup de cette simplicité, et, surtout, lui qui pouvait si bien prendre un accent russe ou anglais,
d'avoir conservé en tout l'éclat de ses sonorités,
un si fort accent méridional... Tout de suite,
M. Benjamin-Constant me confia qu'il était fort
question de le nommer : « Peintrissime » !

— Peintrissime ! m'écriai-je... C'est parfait...
Mais, pourquoi pas « Génialissime ». Ce serait, à mon
sens, plus total !... et par conséquent, plus juste...

— Sans doute !... répondit M. Benjamin-Constant... J'aimerais mieux ça... hé !... D'autant que,
au rebours des lois biologiques que découvrit
Darwin, ici c'est l'organe qui crée la fonction...

Et, modeste, il ajouta :

— Il est bien certain que, si glorieusement
superlatif qu'il soit, ce titre de Peintrissime
n'évoque qu'une des faces de ma personnalité...
Certes, je suis peintre ; je suis même — cela n'est
pas douteux — le plus grand peintre qui ait
jamais illustré cet art de la peinture... Mais, je ne
suis pas que peintre... Je suis écrivain aussi, et
philosophe,.. et moraliste, Dieu sait !... En toutes
les choses de l'activité humaine, je suis — tout
le monde en est d'accord — au premier rang... Il
est donc bien évident que ce titre de Peintrissime
me spécialise trop...

— Eh bien, alors ?

— Eh bien... Il faut compter — et c'est là une
des grandes tristesses de ce temps — avec la timi-
dité des gouvernements, et aussi avec leur routine... Il paraît qu'il y aurait, en ce moment, des
difficultés insurmontables... On craindrait, en
haut lieu, d'établir des confusions... des équi-
voques... de créer des susceptibilités... On s'est
donc arrêté à ceci : Je serai d'abord nommé Peintrissime !... Ça n'est pas rien, vous savez ?...
Ensuite Leygues, qui a beaucoup de ressources
dans l'esprit, verra à me glorifier d'une façon, un
peu plus universelle, un peu plus conforme à mon
génie... Vous ai-je dit aussi qu'on ne s'était pas
entendu sur le choix du costume attribué au
Génialissime... et que Crozier, qui n'est pourtant
pas un méchant garçon, s'était montré là, d'une
insuffisance notoire ?...

— Dépêchez-vous, cher maître... et n'abandonnez pas la question. Car les ministres passent, comme les promesses qu'ils font... « Ministri volant », cher maître...

— Oui, mais Leygues « manet... »

Et il fit un geste, par où il exprimait clairement l'idée d'éternité, et il s'écria :

— Enfant que tu es !... Le pape que j'ai peint ne sera plus pape. La reine d'Angleterre que j'ai peinte ne sera plus la reine d'Angleterre... Et la République ne sera plus la République... Le monde ne sera plus le monde... Et moi-même qui te parle, je ne serai plus, depuis longtemps, Benjamin-Constant, que Leygues sera toujours et de plus en plus ministre...

Il devint lyrique, biblique, prophétique :

— Et je te le dis, en vérité, mon cher garçon. Il est plus admissible de penser que la Seine roulera un jour, entre ses berges refleuries, une eau pure et potable, que d'imaginer qu'il puisse advenir, sous n'importe quel gouvernement et dans n'importe quel temps, cette chose invraisemblable et folle d'un ministère dont Leygues ne serait pas ministre... Tout peut se concevoir hormis cela... Non, ce n'est pas cette catastrophe que je redoute... Je redoute seulement la routine, les revirements d'opinion... Jamont aussi était généralissime... Et il ne l'est plus ! Je ne sais même pas s'il est encore général !...

M. Benjamin-Constant m'apprit, ensuite, qu'il

travaillait, en ce moment, jour et nuit, au portrait de M. Paul Deschanel.

— Oui, accentua-t-il, en ce langage pittoresque qu'il a et avec cet accent si particulier aux gens de Toulouse, j'encadre dans mon œuvre Paul Deschanel entre le pape et la reine d'Angleterre... Je ne fais plus que dans les souverains... et dans les plafonds...

— Dans les plafonds de Besnard... ajoutai-je avec un manque de goût que M. Benjamin-Constant, heureusement, ne releva pas, ou qu'il ne comprit point.

J'aurais joui, plus longtemps, de la conversation de cet homme prodigieux, si M. Georges Leygues n'était venu, subitement, l'arracher à mon admiration. Tous les deux, ils disparurent dans un salon voisin... J'essayai de me rattraper sur M. Sully-Prud'homme qui, dans un coin, seul, chantait des couplets de revue, des couplets pour la nouvelle revue, commandée par M. Paul Deschanel... M. Sully-Prudhomme chantait :

Je suis Popaul...

L'inspiration semblait difficile. La rime était rétive... Et M. Sully-Prudhomme suait sang et eau. Je ne voulus point troubler le noble poète, et j'abordai M. Lazies — car il y avait aussi M. Lazies — il y avait toute la France, comme il est d'usage chez M. Deschanel. Ceci se passait après le dîner qui, disons-le, avait été médiocre.

Mais, chez M. Paul Deschanel, la joie n'est pas
que de manger. Si on mange mal, on cause bien.
C'est même, si j'en crois M. Gaston Boissier, le
seul salon de ce temps où l'on cause encore...
M. Paul Deschanel qui, comme tout le monde sait,
est un charmant causeur, était, ce soir-là, parti-
culièrement brillant... Parlant du xviii° siècle,
il disait :

— Ce que ce siècle a surtout d'admirable et de
particulier, c'est qu'il est — remarquez-le bien,
messieurs — à cheval sur le xvii° et le xviii° siècle...

M. Paul Deschanel était placé, comme par
hasard, devant une petite table, dans l'attitude d'un
homme qui en a long à dire... Et le verre d'eau
qu'un valet vint déposer sur la table complétait
l'expression de cette attitude.

En effet, M. Paul Deschanel continua :

— Et c'est cette position unique et bilatérale qui
donne au xviii° siècle sa physionomie si spéciale...
Car, messieurs, si le xviii° siècle s'était trouvé à
cheval entre le xiv° et le...

Mais, à ce moment, M. Georges Leygues rentrait
dans le salon... Il s'épongeait le front, sur le beau
marbre duquel roulaient des gouttes de sueur.
Voyant la table, le verre d'eau et M. Paul Deschanel avec la voix et le geste du conférencier, il
s'écria :

— Ah ! mon cher président, il fait bien chaud
pour discuter d'aussi graves questions. Si nous

racontions des histoires de femmes ? J'en ai quelques-unes...

M. Paul Deschanel, très digne et très correct, mais évidemment froissé de cette intervention, regarda en face M. Leygues, et il dit d'une voix où l'ironie s'aggravait d'une exquise politesse :

— Excusez-moi, mon cher ministre... Mais je n'ai pu oublier que j'étais de l'Académie française.

Nous goûtâmes fort l'épigramme ; des sourires approbateurs apparurent sur tous les visages. M. Leygues, soit qu'il ne les voulût point voir, soit qu'il tentât de les braver, n'en poursuivit pas moins :

— Laissez-moi vous raconter une histoire. Elle est fort amusante... C'était en 18... Je n'étais pas encore ministre...

De toutes parts on se récria :

— A d'autres !... A d'autres !...

M. Leygues, un instant troublé, reprit :

—Je n'étais pas encore ministre...

Cette fois, la protestation fut telle que M. Leygues, décontenancé, s'écria :

— Enfin, messieurs, vous admettrez bien qu'il y eut, dans ma vie, un moment où je ne fus pas ministre.

— Impossible !... Impossible !...

— Je vous jure !

— Non !... Non !...

— Eh bien, soit ! fit M. Leygues vaincu... Je

reprends... C'était en 18... J'étais alors ministre, et clerc d'huissier à Montauban:.. et je faisais des vers... quand...

Personne n'écoutait...

Et la fête se poursuivit, magnifique.

(*Le Journal*, 5 août 1900.)

ART RELIGIEUX

Et voici ce qu'il me conta :

— Moi qui vous parle, je suis de Montauban. Ingres aussi en était. Je ne l'ai pas connu per-sonnellement, car je suis encore jeune et, de plus, j'ai habité fort peu de temps ma ville natale. Qu'est-ce que vous voulez ?... L'ennui, l'ambition. On s'imagine qu'à Toulouse ou à Paris... Enfin !... Ingres, de même que moi, ne pesa pas longtemps à Montauban, mais pour des raisons différentes et des ambitions autres. Si je n'ai pas connu Ingres, mon père, lui, le connut. N'ayant pas la prétention d'être un critique d'art, ni un amateur de tableaux, il ne s'en vantait pas... Au contraire. Bien des fois, il m'a dit que c'était un personnage bourru, peu aimable, peu sociable, et qu'on ne l'aimait guère dans le pays... On ne pouvait pas comprendre qu'il fût devenu illustre, parce qu'il barbouillait des toiles et qu'il dessinait des

bonshommes et des bonnes femmes en couleur.
Illustre pour ça ?... Mon père n'en revenait pas.
« Je vous demande un peu, disait-il non sans acri-
monie : ah ! il faut croire que les Parisiens ont du
temps de reste et qu'ils ne savent pas à quoi
employer leurs journées. » Dans le même temps,
il y avait, également à Montauban, un peintre
d'enseignes dont j'ai oublié le nom... Il peignait
sur des plaques de tôle ou de zinc des « Cheval
blanc », des « Coq d'or », des « Lion d'argent » et
même des drapeaux tricolores pour toutes les gen-
darmeries du département. C'était joliment mieux
peint que tout ce que peignait le peintre Ingres ;
et puis, ça servait au moins à quelque chose !...
Eh bien, ce peintre-là ne fut jamais illustre, et
il mourut pauvre. Est-ce juste ?... Non, là, est-ce
juste ?...

Il s'interrompit et nous regardant :

— Ce n'est pas moi qui parle, comprenez bien,
expliqua-t-il. C'est toujours mon père, car, moi,
l'art... Eh ! bougri... je connais ça... C'est moi qui
habille M. Thiébaut-Sinon... Ainsi !... Ah ! il en
a chez lui, de la peinture et de la peinture !... Et
quand je lui essaie des pantalons, il ne cesse de me
dire, en me désignant chacune des toiles : « Il y a
là une grande vigueur de touche ! » Ou bien :
« Examinez ce petit rouge, à gauche, c'est la touche
décisive ! »... Le fait est qu'ils en ont une drôle
de touche, la plupart !... Mais, qu'est-ce que vous
voulez ? C'est un bon garçon que M. Thiébaut-

Sinon, et il faut bien que tout le monde vive, pas vrai ?

Puis il continua son récit :

— Il y a cinq ans, j'ai fait mes vingt-huit jours, et naturellement je les ai faits à Montauban... Bien que, comme je vous l'ai dit, Montauban fût ma ville natale, à cette époque je n'y connaissais plus guère de monde... Mon père était mort, mes oncles et tantes étaient morts, et, pour ce qui est de mes cousins, ils avaient quitté le pays, et ils étaient allés le diable sait où !... Tout était en quelque sorte nouveau pour moi, même la ville, que je ne me rappelais plus et que je visitai, comme un étranger visite une ville inconnue... La première chose que je fis, ce fut d'aller voir la cathédrale... et, pour vous prouver que je ne vous mens pas, je vous dirai qu'il y avait là, la visitant, un jeune homme très charmant, et qui n'était autre que votre collaborateur Franc-Nohain... Encore un qui a fait son chemin, celui-là, et dans la poésie, s'il vous plaît !... ce qui est un peu plus difficile et malin que dans la peinture. Il y avait là, aussi, M. Auguste Quercy, un poète félibre qui est mort, il y a un an environ, et qui était, à ce qu'on m'a dit, un brave homme... Vous voyez bien que je ne vous raconte pas des histoires en l'air... Pour ce qui est de M. Franc-Nohain et de M. Quercy, vous devez penser que je n'osai pas leur parler... Ce fut le sacristain de la cathédrale qui me les désignant, non sans orgueil, m'apprit

qui ils étaient... Je visitais donc la cathédrale et
je suivais de très près les personnages susnom-
més, pour profiter des explications, détails historiques et autres, qu'un grand escogriffe, à face
pâle de bedeau, qui les accompagnait, ne cessait
de leur prodiguer... Tout d'un coup, j'entendis le
grand escogriffe dire à ces messieurs: «M. Ingres
(1784-1867), qui est né à Montauban, avait fait
don à la cathédrale d'une grande toile intitulée :
Le Vœu de Louis XIII... Cette toile avait été
d'abord placée dans la grande nef, derrière le maître autel... Elle est maintenant dans la sacristie... »
M. Franc-Nohain demanda : « Et pourquoi est-
elle dans la sacristie? » Le grand escogriffe répondit : « Parce qu'elle était indécente. » M. Franc-
Nohain demanda: » En quoi était-elle indécente ?»
Le grand escogriffe répondit : « Je ne puis pas
le dire. Ce serait un péché mortel que de le
dire ! » M. Franc-Nohain, un peu interloqué,
fit : « Ah ! » Le grand escogriffe se tut et tendit
la main. Nous payâmes tous les vingt sous
demandés et le grand escogriffe, après s'être age-
nouillé devant le maître-autel, après s'être signé
plusieurs fois, après avoir marmotté, de ses lèvres
pâles, quelques oraisons, nous conduisit à la
sacristie... Au fond de la sacristie, dans un coin
obscur, tenant presque la hauteur de la muraille,
le grand escrogriffe nous montra un tableau...
que je reconnus aussitôt, car la gravure l'a popu-
larisé... En vain je cherchai l'indécence que,

moyennant vingt sous, le grand escogriffe avait promis de nous montrer... Et M. Franc-Nohain la cherchait aussi, et son étonnement était de ne rien voir que de parfaitement chaste et d'authentiquement religieux... Il dit au grand escogriffe : « Où est l'indécence ?... J'ai payé vingt sous pour voir l'indécence... Montrez-moi l'indécence. » Le grand escogriffe leva sur le plafond que traversaient des poutrelles peintes en brun des yeux scandalisés, et comme s'il ne parlait à personne, il dit : « Ceux qui ne voient pas l'indécence sont des pécheurs endurcis... Malheur à ceux qui ne voient pas l'indécence... car ils ne connaîtront pas les joies du Paradis, et ils iront en enfer ! »... Après quoi, il nous poussa vers la porte, avec des gestes d'exorciste... Je remarquai que M. Auguste Quercy se tenait les côtes et se mordait les lèvres pour ne pas rire... Une fois dehors, son rire fit explosion. Et quand il fut un peu calmé, voici ce qu'il dit à M. Franc-Nohain, car vous imaginez bien que la curiosité m'avait fait suivre ces messieurs jusque dans la rue... « Si, il y a une indécence, affirma M. Quercy... Seulement, vous ne l'avez pas vue, parce que vous êtes un brave homme, que ne hante pas l'esprit de l'ordure... Avez-vous remarqué, au centre du tableau, un petit ange, tout nu, et qui montre son sexe ?... — « Oui ! fit M. Franc-Nohain... un pauvre petit diable de sexe de rien du tout ! » — « Eh bien, la voilà l'indécence ! » — « Ah ! sapristi ! s'exclama

M. Franc-Nohain... Elle est forte celle-là !... Mais alors, les portails des cathédrales, où l'on voit des démons forniquer, des femmes souillées par des boucs, toute une obscénité énorme et satirique fourmiller ?... » — « Voilà où en est la pudeur, aujourd'hui ?... Mille fois plus intolérante qu'au moyen âge, où sa gaieté avait des farces d'épopée, des violences de pamphlet, elle en est arrivée, maintenant, à ne plus voir, partout, que des cochonneries... Je ris et pourtant je ne trouve rien d'aussi triste, car j'y vois des symptômes de déchéance, et que, de jour en jour, le génie de notre pays s'enfonce de plus en plus, dans la nuit visqueuse des confessionnaux et des sacristies !... Et brusquement : « Mais, vous savez que ce tableau d'Ingres a une histoire fort comique, et que voici »... Prenant le bras de M. Franc-Nohain, il conta : « Ingres, en effet, avait donné à la cathédrale de Montauban ce tableau ; et on l'avait placé, en sa présence, au-dessus du maître-autel... A cette occasion, il y avait, eu, dans le pays, des réjouissances, des discours... Bref tout le monde était content, même le chapitre qui ne tarissait pas d'éloges sur le génie de l'œuvre... Au bout de quelques mois, un vieux curé s'avisa de remarquer qu'il y avait, dans cette composition, un ange tout nu et qui exhibait scandaleusement « sa virginité »... Il appelait ça, « une virilité »... Grand émoi dans tout le chapitre !... Après des conciliabules et des consultations, il fut décidé qu'un jeune abbé, lequel montrait des dispositions pour la peinture, peindrait une feuille de vigne sur la partie impure et sacrilège... Ainsi fut fait... Et cette feuille de vigne ressemblait à une tache d'encre !... Ingres revint à Montauban quelques années plus tard, et il désira voir son tableau... Il se rendit à la cathédrale, accompagné de tout le chapitre. Mais, dès qu'il eut levé les yeux sur la toile : « Nom de Dieu ! jura-t-il... qu'est-ce qu'ils ont foutu là !... Oh ! les cochons !... les cochons ! » Et il se mit à invectiver, par les plus grossières paroles, l'évêque, les chanoines, tous les curés éperdus !... On essaya de lui faire comprendre qu'un ange aussi nu, dans une église, était une impureté, un scandale. « Vous êtes tous des cochons ! » ne cessait de vociférer le peintre, au comble de la stupéfaction et de la colère. Le jour même, Ingres revenu à la cathédrale, avec sa boîte à couleurs, enlevait la feuille de vigne, et rétablissait « la virilité » qu'il accentua à des proportions plus qu'angéliques... Ce fut, dans la ville, un beau tapage... Ceux-ci tenaient pour la virilité ; ceux-là, contre... On faillit en venir aux mains... Quant à Ingres, tout le temps qu'il resta à Montauban, il ne décoléra pas... Il ne parlait de rien moins que d'aller gifler « ce cochon d'abbé », qui avait osé substituer une feuille de vigne à la nudité d'un petit ange... On eut beaucoup de peine à l'en empêcher... Il partit, toujours furieux et imprécatoire. Mais le lendemain, gravement, les chanoines se réunirent, et, dans une discussion, comme on en peut lire de semblables en ce curieux « Dictionnaire des Cas réservés », il fut résolu que l'ange resterait nu et viril... mais que la toile serait enlevée de la nef et transportée dans la sacristie, dans un coin sombre de la sacristie, où ceux qui voudraient la voir paieraient vingt sous, car il est de sagesse ecclésiastique, de concilier la décence et l'intérêt... Ainsi, devisaient, par les rues, bras dessus, bras dessous, M. Franc-Nohain et M. Auguste Quercy... Je les perdis à un carrefour, et je rentrai à la caserne, songeant au délicieux poème amorphe que tirerait certainement, de cette aventure héroï-comique, l'auteur futur de cette *Cuisinière bourgeoise*, où il y a de tout, de la musique, du rire, et même des larmes.

Puis, il me montra des étoffes, comme les aime M. Thiébaut-Sinon...

(Le Journal, 12 août 1900.)

SUR UN VASE DE CHINE

Je possède quelques bibelots chinois, et, depuis
cette guerre atroce, je regarde ces bibelots avec
plus d'attention et je les aime davantage.

J'ai là, sur ma table, à portée de ma main, pendant que j'écris ces lignes, un oiseau de bronze.
C'est une perdrix blessée, accoufflie dans un sil-
lon, au moment où le chasseur va la prendre. Le
dos est arrondi, hottu, les ailes sont ramassées et
remontées ; elle tourne le cou vers le chasseur, avec
un mouvement tout prêt de rétraction. La tête est
levée, le bec ouvert pour se plaindre et pour se
défendre. Ses yeux expriment de la terreur ; de sa
queue étendue, elle s'appuie au sol, fortement...
La patine de tout cela, — or, fer, bronze fondus
ensemble — est quelque chose d'extraordinairement précieux... Je n'ai jamais vu une plus belle
forme et si pure... Il n'y a que les Grecs — à la
belle époque de leur art sublime — pour avoir

atteint à cette beauté frémissante et vivante, à cette grandeur dans le simple, à cette souplesse de construction et de mouvement. Par une observation naturaliste, qui eût réjoui Darwin, et qui prouve chez les Chinois anciens — ils sont toujours anciens — une science profonde et un immense amour de la nature et de la vie, l'artiste admirable qui modela cet oiseau y retrouve la forme ancestrale du poisson...

J'achetai cet oiseau dans une boutique de curiosités d'une petite ville de province. Il était, d'ailleurs, dans un coin, parmi un tas d'objets sans valeur, sabres de pompiers, casques prussiens, etc... Comment s'était il échoué là ?... Le marchand me dit, en me regardant d'un regard un peu méprisant :

— Ça n'est pas beau !... Après tout, c'est très vieux... C'est au moins du Louis XIII...

Les objets ont aussi leur tristesse...

Et voici un vase.

Ce vase a la forme d'une urne étranglée... De quel métal est-il fait ? Je l'ignore. Il y a de tous les métaux dans ce métal... du fer, de l'argent, du bronze, du platine, de l'or, de l'étain, du plomb, mêlés à des gommes, à des vernis d'une coloration sourde et profonde... On dirait de l'eau transparente, de l'eau dont on verrait le fond d'algues sombres, de rocs dorés, de coraux, de sable brun... La surface en est douce et lisse au toucher comme de la peau de femme... Les contours l'enveloppent, le sertissent de mols rentrants, de bosses légères, d'ondulations sinueuses... La ligne y vit partout, comme sur un beau fruit... Sur les flancs du vase, un lézard rampe, très fin, très long, griffu, chimérique un peu, mais d'une vie intense... Près du col, le dos de la bête se renfle, s'arque, et fait comme une anse... Je ne me lasse pas de regarder cet objet... Tout ce que cherchent encore nos artistes contemporains, qui travaillent le bronze et l'étain, — forme et matière — le voilà réalisé, à la perfection, il y a quatre siècles, par un Barbare !...

Et voici un autre vase.

C'est un col allongé, qui s'évase en calice, à son extrémité supérieure, et qui, à la base, finit, se confond, se perd dans un large plateau figurant la mer, où des poissons nagent... Et le bronze, d'une patine uniformément brune pourtant, a toute la mobilité, toute la fluidité de l'eau, et son rythme large, harmonieux, balancé...

Imaginations intarissables et merveilleuses !... réalisations, par l'intelligence et par l'amour, de la vie universelle, et dont nous sommes plus émus, à mesure que nous connaissons mieux cet art chinois, le plus fécond, le plus multiple, le plus créateur, le plus parfait qui ait jamais fleuri sur la terre !... Admirables et déconcertantes transmutations de la matière !... Prodigieux poèmes qui font chanter le bronze, l'ivoire, le bois, le jade, la nacre, le cristal dur, le roseau et le bambou en impérissables chefs-d'œuvre !... Voici donc les

Barbares à peau jaune, dont les civilisés d'Europe à peau blanche violent le sol !... Nous sommes toujours les mêmes sauvages, les mêmes ennemis de la Beauté, les mêmes sanglants chrétiens qui brûlèrent la bibliothèque d'Alexandrie... et qui, partout, sur tous les sols où la beauté de l'art et de la nature rayonnait, portèrent la dévastation et la mort. Nous sommes les mêmes soldats que ces soldats de Bonaparte qui, au couvent des Grâces, détruisirent à coups de briques, défoncèrent à coups de sabres, après l'avoir enduite du crottin de leurs chevaux, la *Cène*, de Léonard de Vinci.

Je voudrais pouvoir citer quelques lignes, prises au hasard, du livre de Lao-Tsé : *Le livre de la Ligne droite*, dont la *Revue Blanche* publia, l'an dernier, au début de cette guerre impie, une traduction révélatrice... Malheureusement, je ne l'ai pas ici.

A ce propos, il arriva une chose infiniment mélancolique. On se rue au Sienkiewicz. Tout le monde en parle, tout le monde en édite, tout le monde en veut... Les journaux offrent des colonnes entières à l'explication, par M. Victor Maurel lui-même, de ses idées néo-phonétiques, et comme quoi, un véritable artiste doit parler l'opéra, et chanter la comédie... On nous raconte, par le menu, ce que dit ou ne dit pas Mme Bob Walter... Nous détaillons, objet par objet, tout ce que contient l'appartement privé de M. Paul Deschanel... M. Cornély, esprit sérieux et cocasse, apôtre pour

classes dirigeantes, et ironiste pour capitalistes...
M. Cornély qui se prétend curieux de toute philosophie, qui voudrait, d'un même coup d'éponge,
concilier et réconcilier la science et la religion, la
foi et le libre examen, l'eau et le feu, la république et la monarchie, mettre d'accord le Diable
avec le bon Dieu... M. Cornély qui parle de tout
chaque matin, en citant Spencer au besoin, et au
besoin, le révérend père Maumus, ne parle pas du
Livre de la Ligne droite... Il eût pourtant trouvé,
dans ce livre, matière à orner ses polémiques...
Aucun journal n'en parle, aucun n'y fit la moindre
allusion... Il semblait qu'il ne venait de se rien
passer... Et cependant, il venait de se passer quelque chose d'énorme : la révélation du plus beau
livre qui, au cours de toute l'humanité, ait été écrit
et pensé par un homme... quelque chose d'aussi
important et d'aussi énorme que si, tout d'un coup,
et pour la première fois, la Bible ou Homère eussent
été révélés aux hommes !...

Tout ce qu'un homme peut savoir, Lao-Tsé le
savait. Là où un homme du plus grand génie peut
atteindre, par l'instinct, la culture spirituelle,
l'intelligence, Lao-Tsé y avait atteint. Il connaissait
le cœur des hommes, l'âme des foules, la psycho-
logie de son peuple et des peuples, la nature, ses
mystères et ses beautés, plus qu'aucun esprit
humain ne les connut jamais... Ce que nous cher-
chons encore, penseurs timides et troublés, Lao-
Tsé l'avait trouvé. Il n'y avait pas d'angoisse en

lui, parce qu'il y avait en lui des certitudes... Il n'y avait pas d'obscurité en lui, parce qu'il était tout lumière. Et si, parfois, nous ne le comprenions pas, c'est que nos yeux sont des organes trop fragiles et qui ne sont pas faits pour subir l'éclat violent de cette lumière... A l'époque, très lointaine, où il écrivit ce prodigieux livre, à la fois poème et traité de philosophie, bible des rois et des citoyens, des guerriers et des artistes, des riches et des pauvres, des ignorants et des savants, bible de la vie... Lao-Tsé, mieux que Darwin et que Haeckel, avait établi toutes les lois de l'évolution des êtres... Les avait il établies ?... N'étaient-elles point, depuis longtemps, une tradition acquise ?... Je n'en sais rien... Mais ce que je sais, c'est que chaque mot de ce livre est une condensation extraordinaire de la pensée... Il y a dans chaque ligne — tant le raccourci en est serré, et tant la profondeur en est vaste — la matière élucidée de tout un gros livre... Pas une fois, il ne se perd dans les rêves des métaphysiques... Il reste toujours sur la terre, et parmi les réalités...

Et cet homme, à coup sûr unique dans l'histoire de l'humanité... cet homme si grand qu'il nous fait douter, parfois, qu'il n'ait été qu'un homme, et qui réalise presque la conception d'un dieu, cet homme est un barbare !... M. de Waldersee va le civiliser, lui et ses descendants à qui, depuis des siècles, il a inculqué un peu de sa sagesse immortelle et de l'impérissable beauté qui étaient en lui !!!...

Et je songe à tout cela, en regardaut avec émotion, sur ma table, cet oiseau que modela un génial sculpteur, et ce vase qui fut fondu par un brave homme, et que j'aime maintenant, comme un frère...

(Le Journal, 4 mars 1901.)

VINCENT VAN GOGH

Quelle personnalité étrange, inquiète et forte...
quel merveilleux et abondant tempérament de
peintre, ce Vincent van Gogh, dont on peut voir,
aujourd'hui, dans les galeries de M. Bernheim, une
exposition d'œuvres choisies, quelques-unes tout à
fait admirables... Ce nom de van Gogh m'a toujours attiré, comme vers quelqu'un de très différent, de très rare, et, chaque jour, mon regret est
plus vif de ne l'avoir pas connu. Sa vie fut passionnée et passionnante, sa mort douloureuse et tragique. Il est mort sinon fou, du moins le cerveau
malade. Et pourtant, à lire les si curieuses lettres
que publia naguère le *Mercure de France*, il n'est pas
d'esprit plus équilibré que le sien. Ses opinions sont
sages, se gardent de toute exagération. Il n'a rien
d'un sectaire. Il rend justice à tout le monde, aussi
bien à Claude Monet qu'à Meissonier. En littérature,
il a des idées plutôt timides : il ne trouve rien d'aussi

beau que les livres de Maupassant... Il est peu d'hommes vraiment qui, dans n'importe quel ordre, puissent intéresser autant que lui le curieux d'art et d'humanité.

Mme Albert Besnard, cette noble artiste au si clair génie, au sens critique si profond, au goût si pur et si vrai, me racontait un jour ceci : « Nous étions à La Haye. Toute cette journée là nous l'avions passée à visiter les musées et les collections particulières, si bien que, malgré notre enthousiasme, nous étions saturés de peinture, étant brisés de fatigue. Avant de rentrer à l'hôtel, l'ami qui nous accompagnait désira nous entraîner à une petite exposition qu'un parent de van Gogh avait organisée d'une centaine de ses toiles... Je connaissais un peu ce peintre alors, et je n'avais pas beaucoup, à cette minute du moins, la curiosité de le connaître plus... Je résistai, demandant à remettre au lendemain cette visite, car nous n'étions plus en état de voir, de sentir, ou de raisonner nos sensations... L'ami insista tellement que je ne voulus pas le désobliger par un refus... Ce fut comme un délicieux repos... Je n'oublierai jamais l'impression de fraîcheur, de détente, de nouveau... que j'éprouvai, en entrant dans cette petite salle... Cette peinture était bien différente de celle que nous avions aimée toute cette journée. Eh bien ! c'était peut-être la seule qui pût supporter, sans en être diminuée, cette comparaison écrasante... Et pourtant, malgré le métier, quelquefois lourd... quelquefois gauche... en tout cas, *très*

autre... malgré ces recherches de forme si dissem-
blables... on y sentait comme une sorte de parenté
lointaine... un génie de la race qui se retrouvait
là... modifié par le temps... et aussi par une personnalité très particulière... »

Puissance de l'originalité... de la passion... Puissance de l'art qu'anime un souffle de vie ardente
et sincère !

* * *

Je ne sais rien de plus angoissant que la vie
spirituelle de van Gogh... M. Emile Bernard, —
qui fut un de ses plus intimes amis, esprit très
curieux, très séduisant, très chercheur, très
érudit, intelligence spéciale et vive, mais infiniment chimérique et pervertie par toute sorte de
religiosités vagues, peintre médiocre, impuissant
même, — eut beaucoup d'influence sur la nature
morale de van Gogh, qu'il put troubler à de certaines heures... Il n'en eut aucune sur son art,
qu'il ne parvint pas à détraquer, comme il avait
détraqué celui de Gauguin et de tant d'autres qui
sombrèrent dans l'imagerie mystique, et dans cette
folie ingénue de vouloir exprimer, je ne dis pas
par la peinture, mais par la déformation, les mystères que la philosophie, la littérature et la science
ne peuvent même pas exprimer...

Et pourtant, quel terrain meilleur aux semences
de mysticité que l'âme de van Gogh !... Quelle
prédisposition mieux caractérisée à toutes les

démences, s'il n'eût été soutenu par un amour fon-
cier de la nature et de la vie !... Sa fin le prouva
d'ailleurs... Elle était fatale, en dépit de cet équilibre mental que j'ai constaté, dès le début de cet
article : et elle n'est pas une contradiction... Maupassant aussi était un esprit équilibré. C'est que
nous ne voyons souvent, chez les êtres, que leur
sagesse extérieure, alors que gronde en eux une
tempête que nous ne voyons pas... et qui les ronge
et qui les tue, pour n'avoir jamais éclaté au
dehors...

Tout jeune Vincent van Gogh est employé chez
un marchand de tableaux. Il manifeste un goût
très vif pour la peinture. Le temps qu'il ne passe
pas au magasin, il va l'employer dans les musées.
Il aime la peinture pour la peinture, sans avoir
l'idée d'en faire. Mais le commerce en même temps
le dégoûte... Il se sent porté à une autre action...
Il a de l'ardeur, de l'enthousiasme, un bouillonnement d'idées encore confuses... mais impérieuses...
et qui demandent à sortir de lui, et qu'il n'est plus le
maître de comprimer en lui... La vocation de
l'art a quelquefois ce caractère apostolique. Car
van Gogh veut être utile... se dévouer aux autres...
Ce qui l'a toujours frappé, ce qui lui fait mal... ce
qu'il voudrait guérir... c'est la laideur... c'est
l'ignorance des hommes, la prédominance de la
bestialité sur l'esprit, alourdi d'appétits grossiers,
de préjugés serviles, de sottises douloureuses.
Alors un ardent besoin de prosélytisme le pousse

vers le peuple... Il cherche les foules... les réunit
sur les places publiques, dans les salles... leur
parle... Il voudrait les élever vers quelque chose
de plus haut. de plus pur, dont on ne leur a jamais
dit un mot .. Il essaie de leur expliquer ce que
c'est que la beauté morale... ce que c'est que la
beauté. Mais les foules ne comprennent rien à ce
langage nouveau... Elles ricanent ou elles n'écoutent pas... Et van Gogh se dit :

— Je parle trop tard à ces hommes... je suis
venu trop tard vers ces hommes... Leur cerveau
est ankylosé par trop d'habitudes antérieures...
par trop de misères... Je ne puis rien sur eux...
C'est aux petits enfants que je dois aller... C'est
dans ces organismes tout neufs et souples que je
dois déposer la semence... C'est dans ces âmes, en
formation et qui continuent de naître, que je dois
porter la parole de vie !...

Et il parle aux petits enfants... Mais les petits
enfants ne l'écoutent pas mieux... ne le comprennent pas davantage que les hommes... Ils ne
songent qu'à se battre entre eux, à jouer, à marau-
der... Van Gogh s'étonne d'abord, puis se décou-
rage, puis s'interroge, et il se dit encore :

— Après tout, pourquoi les hommes et les petits
enfants me comprendraient-ils... puisque, lorsque
je m'écoute, je ne me comprends pas moi-même?...

Il renonce à parler aux autres... à vivre pour
les autres... Désormais, il ne vivra que pour lui...
et il vivra toute la vie, ardente, énorme, qu'il

sent bouillonner en lui... La nature l'émeut... Il
ne cesse de la regarder avec des yeux nouveaux
et ravis... de la pénétrer... de s'en imprégner...
Les champs... les ciels... les arbres fleuris ou les
arbres nus, qui font sur la lumière des entrecroi-
sements de branches d'une décoration si impres-
sionnante... les fleuves... le soir, les vergers au
matin... et les villes et les visages, et la fleur...
la divine fleur dont il devait plus tard rendre le
miracle à miracle... tout ce qu'il voit... tout ce
qu'il rencontre l'émeut d'une émotion puissante et
sans cesse renouvelée... Un besoin instinctif... un
désir furieux et tendre... une force inconsciente
d'abord... puis raisonnée... le pousse à exprimer
cela... mais comment ?... Par les mots ?... sur le
papier ?... Non... Par la parole si inutile et qui
ne trouble aucun cœur?... Non... Par la forme,
par la couleur... par l'harmonie de la forme et
de la lumière... par la peinture !... Et Van Gogh,
qui n'a jamais peint... se fait peintre. Ce sera
encore une manière d'apostolat et parler une fois
de plus de beauté !

*
* *

Les mystiques, les symbolistes, les larvistes,
les occultistes, les néopédérastes... les peintres de
l'âme, enfin... tous ces pauvres jobards ou ces
pauvres farceurs qui, dès qu'ils voient dans une
toile une faute lourde de dessin ou une forme
embryonnaire, ou des chairs verdies... et des sexes

crucifiés... crient au chef-d'œuvre, s'évanouissent
d'admiration et de volupté... tous, l'un après
l'autre, ils ont voulu revendiquer Van Gogh pour
un des leurs... Voilà une étrange prétention... une
incompréhensible folie !... Pourquoi Van Gogh,
plutôt que Monet ou Cézanne ?

La vérité, c'est qu'il n'est pas d'art plus sain...
il n'est pas d'art plus réellement, plus réalistement
peintre que l'art de Van Gogh... Van Gogh n'a
qu'un amour, la nature ; qu'un guide : la nature.
Il ne cherche rien au delà, parce qu'il sait qu'il n'y
a rien au delà... Il a même l'instinctive horreur
des rébus philosophiques, religieux ou littéraires,
de tous ces vagues intellectualismes où se com-
plaisent les impuissants, parce qu'il sait aussi que
tout est intellectuel, de ce qui est beau... *bête-
ment* beau !... Même quand il peint les ciels, leurs
formes mouvantes, changeantes et multiples...
femmes couchées... troupeaux dégringolants...
chimériques poissons... monstres... mythes qui
vont s'évanouissant sur le firmament, pour d'autres métamorphoses... même quand il peint les
soirs d'été, avec des astres fous et des chutes
d'étoiles, et des lumières tourbillonnantes... il est
et il n'est que dans la nature et dans la peinture...
Ses lettres nous renseignent à cet égard, très pré-
cieusement. Elles nous initient à sa méthode de
travail, qui n'est presque uniquement que scientifique, pourrait-on dire... Elles nous racontent
comment, dans la composition d'un tableau, le

peintre n'a pas d'autre préoccupation que d'être un peintre... Et cette préoccupation, il la pousse si loin que, lorsqu'il décrit le paysage qu'il fait, en ce moment, ou qu'il rêve de faire, le lendemain, il ne dit pas qu'il y a des champs, des arbres, des maisons, des montagnes... mais du jaune et du bleu, du rouge et du vert... et le drame de leur rapport entre eux...

C'est ainsi qu'il a reproduit, pour notre joie et notre émotion, les aspects féeriques de la nature, la joie énorme et magnifique, la fête miraculeuse de la vie...

Hélas ! il ne devait pas peindre longtemps... Une inquiétude mortelle — nullement métaphysique, mais toute professionnelle — était en lui... Elle le rongeait, le dévastait peu à peu... Peu à peu. morceau par morceau, il lui donnait à manger toute sa substance... Il n'était jamais satisfait de son œuvre... Toujours il rêvait au delà de ce qu'il réalisait... Il rêvait l'impossible... Avec des colères sauvages, il s'emportait contre sa main, sa main lâche et débile, incapable d'exécuter, sur la toile, tout ce que son cerveau concevait de perfection et de génie... Il est mort de cela, un jour !...

Il faut aimer Vincent Van Gogh et honorer toujours sa mémoire, parce que, celui-là, fut véritablement un grand et pur artiste...

(Le Journal, 17 mars 1901.)

LE CHRIST PROTESTE

Mon père, éloignez de moi ce Béraud...

— J'avais pu tromper la surveillance des gardiens et rester, après la fermeture des portes,
dans l'une des galeries du Salon.

— Lequel ? interrompit une voix.

Je répondis :

— En vérité, voilà une sotte question... Et l'on
voit bien que ce n'est pas un véritable artiste
qui la pose... Quand on dit « le Salon », monsieur,
il va de soi qu'il ne s'agit que de la Société nationale des beaux-arts...

C'était une fière réponse et qui, je dois le dire,
impressionna fortement l'assistance... Pourtant,
quelqu'un se leva qui, la bouche furieuse, les
gestes grimaçants, proféra :

— Permettez !... permettez !... Je proteste au
nom de tous les Bouguereau et de tous les Constant. Le vrai Salon... le seul Salon où l'on peint...

le Salon unique digne de ce nom de Salon, est celui de la Société des Artistes français...

Alors, une discussion farouche s'engagea... On se jeta à la figure des noms de peintres pris dans le sens des plus flagrantes obscénités et des plus outrageantes insultes... Et je ne sais ce qui fût advenu si M. Henri Roujon, qui se trouvait parmi les nombreux invités, n'était intervenu.

—Je vous en prie, messieurs, supplia-t-il d'une voix douce... avec des gestes onctueusement pacificateurs...

Et, devenant éloquent, il ajouta :

— Ne rallumons pas l'incendie éteint et les flammes mortes, comme disait Baudelaire... Il n'est pas de Salon meilleur l'un que l'autre... vous pouvez me croire, moi qui dirige les beaux-arts... et qui les récompense... Tous les Salons sont également admirables... Voyons... à quoi reconnaît-on qu'une Société d'art quelconque est supérieure à une autre Société d'art ?... Au nombre plus grand de ses sociétaires décorés... n'est-ce pas ?... Nous n'avons pas d'autre critérium plus précis... d'autre étalon plus juste... si j'ose dire... pour juger l'art en soi...

— C'est vrai !... C'est vrai !

— Eh bien... messieurs... il y a exactement le même nombre d'artistes décorés dans chacune de vos deux Sociétés... La statistique est là... irréfutable... vous pouvez la vérifier... Donc... égalité de génie... puisque égalité de décorations...

Le tumulte se calma instantanément... Je pus reprendre mon récit, dans un silence absolu...La discipline est une belle chose, chez les artistes nationaux aussi bien que chez les artistes français...

— ...J'étais donc resté, depuis la fermeture des portes, dans l'une des galeries du Salon... C'est une manie que j'ai maintenant... je ne puis bien voir la peinture et la sculpture que seul... et dans le silence... Les poussées... les bousculades... les murmures de la foule m'enlèvent toute émotion, tout jugement personnel, abolissent réellement en moi le sens critique... énervent tout ce qu'il peut y avoir dans mon esprit de facultés admiratives... J'en arrive à ne plus établir la moindre différence entre des blocs de stéarine et les œuvres de M. Saint-Marceaux, aimées de M. Loubet. C'est grand'pitié !... Et puis, vraiment, le vernissage, avec ses rites si anciens, et ses déjeuners... Boldi et Boldini... tant de personnalités si parisiennes, en mal d'esthétique... et la poussière de tout cela... C'est au-dessus de mes forces, maintenant !... J'attendis donc que le vigilant M. Guillaume Dubufe eût terminé sa ronde, et que fût parti le dernier gardien... Et je me mis en marche à travers les galeries silencieuses et désertes... Je ne connais rien de plus impressionnant... Nul autre bruit que le bruit de mes pas, et, çà et là, sur les murs... le léger craquement du vernis des tableaux... C'est l'heure où les figures peintes et sculptées se détendent... où les soleils couchants

sur la mer... les fleurs dans les vases... les forêts
matinales... les horizons et les ciels prennent des
aspects moins agressifs, et s'harmonisent un peu,
se simplifient, sous la couche de poussière qui les
recouvre !... Heure exquise des intimités de l'art
par quoi s'uniformise le tableau national et la
statue française... Tout à coup, j'entendis qu'on
m'appelait... Qui donc pouvait m'appeler dans cette
solitude et dans ce silence ?... Je regardai autour
de moi .. Personne !... C'était une voix douce et
plaintive... et profonde aussi... et sourde...
sourde... quelque chose comme une voix prison-
nière dans une table de spirite !... Elle semblait
venir, cette voix, tantôt du plafond, tantôt du
plancher... je ne sais d'où... Peut-être l'âme
errante de M. Guillaume Dubufe !... Je m'arrêtai
le cœur battant, la gorge serrée... Et, machinale-
ment, je tournai la tête vers la gauche, car il
m'avait semblé, à ce moment même, que la voix
me venait du mur de gauche... Ce n'était pas une
illusion... Oui, la voix continuait de m'appeler, de
plus en plus plaintive... supplicatrice et douloureuse, même... une voix où se mêlaient des san-
glots... et qui, malgré cela, se faisait plus dis-
tincte... « Arrête-toi... arrête-toi ! » J'entendis
clairement et à plusieurs reprises ces mots... En
même temps, j'observai que le principal personnage d'un tableau remuait, agitait les bras... la
tête... et me faisait des signes avec ses mains...
Je n'aime pas beaucoup à constater des choses

surnaturelles... et, tant que je peux, j'éloigne
toute idée de mystère... D'abord, je pensai que ce
tableau était un tableau mécanique, comme on en
voit dans les bazars à treize sous, et qu'actionne
un mouvement d'horlogerie caché derrière la
toile... Je dus renoncer bien vite, pour l'honneur
des bazars, à cette supposition... Ce tableau était
si visiblement mauvais, si exceptionnellement mal
peint, si inférieur à tout ce que j'avais vu, jusqu'ici,
dans ce genre, que je ne pouvais croire, un seul
instant, qu'il se fût trouvé un industriel assez
dénué de ce goût spécial, pour faire de celui-là,
soit un tableau à horloge, soit un tableau baro-
mètre, soit un tableau à musique... Et mon embarras était extrême, quand m'étant approché,
j'entendis ceci, distinctement :

— Arrête-toi... je t'en supplie !... Je suis le
Christ de M. Jean Béraud...

Une immense pitié m'emplit le cœur.

— Ah ! pauvre Christ !... ne pus-je m'empêcher
de m'écrier... Est-ce possible ?

Le Christ me dit :

— Tu vois bien !...

Et, reconnaissant, il me remercia.

— Comme tu es gentil de m'avoir entendu !...
Les autres passent... passent... et ne veulent pas
m'écouter...

Puis, avec une joie amère :

— Enfin !... soupira-t-il... je vais donc pouvoir
soulager un peu mon cœur, dans le cœur d'un ami !

— Je te plains beaucoup, car... après tout .. tu ne méritais pas ce dernier supplice !...

Il s'écria :

— Crois-tu que j'ai peu de chance, tout de même! .. Mais ils ne peuvent donc pas me laisser tranquille !... Qu'est-ce que je leur ai fait ?... Qu'est ce que j'ai fait, surtout, à ce Béraud, mon Dieu?... Le diable sait si l'on m'a mis à toutes les sauces... et si j'en ai vu de toutes les couleurs, depuis ma mort !... Mais ce Béraud !... Pourquoi s'acharne-t-il sur moi avec une si persistante férocité ? Ah ! il m'embête, à la fin !... Et je proteste !... Que ce Béraud peigne des petites femmes nues ou décolletées, dans des tableaux à réhabiliter toutes les chromolithographies de la terre... c'est bien... je ne suis pas critique d'art... et je n'ai rien à y voir... Mais moi ?... Est-ce que cela le regarde, ce Béraud, si parisien ?...

— Armand Silvestre a dit de lui, pourtant, que c'était le moderne Mantegna ?

— Le Mantegna du quartier de l'Europe... Oui ! Le Mantegna des petites cocottes en papier !... C'est à ne pas croire des choses comme ça !... Ecoute !... Tu sais si les peintres symbolistes m'ont mis souvent en colère... et s'ils m'ont souvent dégoûté de ma divinité ?... Avec eux... j'avais l'air d'un pauvre Christ poitrinaire... d'un Christ d'hôpital... d'un Christ uraniste... Et quel dessin !... Quel galbe... C'était à hurler... et j'ai hurlé, je t'assure, bien des fois... Mais si affreux que cela fût... c'était encore supportable à côté de ce Béraud !... Souffrir ? Mon Dieu... je ne bronche pas devant la souffrance. C'est mon destin... et, si tu veux... mon métier... Je consens à souffrir au delà même de ce qu'autrefois j'ai souffert... Je veux bien... oui, je veux bien recommencer, sous les injures de la foule, sous les coups de lanières, sous les déchirures sanglantes... toutes les stations du calvaire... la couronne d'épines... la crucifixion... le coup de lance au flanc,.. la suée rouge de l'agonie... soit !... je les accepte encore... Mais ce Béraud !... ah ! non... non .. non !... J'en ai assez... j'en ai trop !... Je ne puis plus... J'ai beau être un Dieu... je ne l'avais pas prévu, moi, ce Béraud !...Ah !...si, avant de commencer mon sacrifice pour le rachat des hommes, j'avais pu deviner... j'avais pu supposer que, deux mille ans plus tard, je serais peint, repeint et surpeint par ce Béraud... ma foi !... je t'avoue que j'y eusse renoncé... Et l'humanité se serait tiré d'affaires sans moi, comme elle eût pu !... Car, enfin... c'est intolérable... de voir un tel peintre. dans de semblables compositions, s'acharner sur ma pauvre carcasse divine ?... Il me déshonore, à tout jamais !... De quoi ai-je l'air ?... Et ce droit d'être un Dieu, ce droit que j'ai payé de toute ma chair torturée, et de tout mon sang... qui donc osera, désormais, le reconnaître sérieusement ?... Qu'on me ramène à Ponce-Pilate !... Qu'on me recloue sur ma croix !... J'aime mieux ça !...

J'essayai de le consoler... Mais il ne voulut rien entendre...   (*Le Journal*, 28 avril 1901.)

CE QUE C'EST QUE LA GLOIRE

Les fêtes mémoriales qu'on prépare pour célébrer le centenaire de Victor Hugo (Ce siècle avait
deux ans...) seront admirables et dignes, du
moins je l'espère, de notre grand poète. Une chose
me trouble, pourtant, c'est le monument — si j'ose
dire — de M. Barrias. Non que M. Barrias ne soit
un excellent brave homme et qu'il n'ait les meil-
leures intentions du monde... Mais il me semblait
que, pour l'apothéose du génie de Victor Hugo, un
peu de génie sculptural n'eût pas été messéant.
Nos grands hommes n'ont vraiment pas de chance
posthume... Quand ce n'est pas à l'usine Denys
Puech qu'est confiée leur immortalisation, c'est à
l'institut Barrias. Et pour peu qu'il vienne à l'idée
de M. de Croisset de se charger, en bon Belge
qu'il est, de l'immortalisation en vers !... Tout
cela, en somme, est fort mélancolique. Et, vrai-

ment, ce n'est pas à souhaiter, de devenir immortel, par le temps qui court !

— Que voulez-vous ? me disait l'autre jour, un gros personnage administratif, à qui je confiais ces scrupules. Il ne faut choquer le goût de personne. Ah ! ces affaires-là sont délicates, mon cher ! Vous nous reprochez M. Barrias ? Mais M. Barrias possède « ce certain degré d'art », d'art terne et médiocre, de faux art, de non-art, pour ainsi parler, qui, non seulement satisfait pleinement notre conception de « l'officiel », mais encore, croyez-moi, réjouit par son inexistence totale, par son manque absolu de personnalité, ce que je me permettrai d'appeler l'esthétique populaire. M. Barrias est, pour nous, un sculpteur de tout repos, un sculpteur de père de famille. Nous n'avons pas à craindre avec lui le moindre embêtement. Nous sommes sûrs que M. Duquet ne mènera point M. Jean Rameau à l'assaut de son monument. Car M. Duquet est un historien dans le genre de M. Barrias, et M. Jean Rameau est un poète dans le genre de M. Duquet. Quant aux foules ?... Mais les foules n'aiment point qu'on leur offre quelqu'un ou quelque chose trop au-dessus d'elles, trop en dehors d'elles, si vous préférez. Elles sont heureuses de se retrouver dans tout ce qu'elles voient et dans tout ce qu'elles entendent. N'ont-elles point raison ?

— Et l'éducation, alors ?

Le gros personnage administratif prit un ton solennel, et il dit :

— Ce n'est pas nous qui éduquons les foules. Ce sont les foules qui nous éduquent.

Et il reprit :

— Il y a encore, dans le choix de M. Barrias, une question d'ordre purement artistique. Songez. mon cher, combien ce serait dangereux et inharmonique de jeter, tout d'un coup, dans Paris, un chef-d'œuvre. Que deviendraient les autres monuments ? Quelles fâcheuses et incohérentes figures feraient-ils ? Il faudrait reviser complètement la décoration de nos rues, de nos places, de nos squares, de nos promenades, de nos jardins ; leur enlever ce caractère de sentimentalisme anecdotique, cette uniformité dans le laid et dans le bébête qui font, du Paris moderne, un ensemble si admirable, si admirablement cordial, dirai-je, d'architectures ridicules et de médiocre statuaire ?

— Ne pensez-vous pas, répliquai-je, que l'harmonie eût dû s'établir du sculpteur au poète, et non du sculpteur à la foule ?

— Impossible ! déclara nettement le gros personnage administratif. D'ailleurs, une harmonie est toujours une harmonie. Il importe peu vraiment que ce soit dans le laid ou dans le beau ! Ainsi, tenez la troupe du théâtre Antoine ?

— Eh bien ?

— Individuellement ce sont des acteurs quelconques. Collectivement, ils sont admirables.

— Cela n'a aucun rapport, mon cher !

— Laissez-moi donc tranquille. Je sais ce que

je dis. Sans quoi serais-je, je vous le demande, un gros personnage administratif ? Rappelez-vous ceci : Toutes choses ont entre elles des rapports. Seulement il faut les trouver. Oui. Et puis je vois avec douleur que vous n'avez pas le moindre sens de la démocratie.

— Moi ?

— Oui, vous. Et je le prouve. Dans l'espèce, il s'agit bien plus d'amuser la foule par un spectacle approprié à ses goûts, à ses passions, à la qualité de ses sensations, que de célébrer un grand poète. Au fond, nous nous moquons de Victor Hugo, comprenez-moi bien ! Victor Hugo est mort, n'est-ce pas ? Il est même immortel. Qu'est-ce que cela peut bien lui faire que ce soit Barrias ou Rodin qui le statufie ? D'ailleurs, il ne protestera pas, et c'est l'essentiel. Tout, plutôt que ces protestations. Oh ! je l'ai encore dans la tête tout ce bruit fait à propos du *Balzac* de Rodin ! Non... non... Ce que nous voulons, c'est que les bons badauds, qui n'ont jamais lu Victor Hugo, du reste, soient contents, eux! Ces bons et excellents patriotes et badauds, à qui, il faut de temps en temps des tsars, des généraux, des chevaux de course, des comédiens, des assassins ou des poètes ! Et tenez pour certain qu'ils seront contents. Car, en plus du monument Barrias, nous avons imaginé des réjouissances extraordinaires et complètement nouvelles.

— Ah ! ah !

— Oui, nous avons imaginé de faire défiler devant le monument, par catégories, spécialités, ou ordre alphabétique, tous les gens de lettres de France et même de l'étranger. Ce sera inouï de grandeur.

Et il s'enthousiasma.

— Voyez-vous les poètes par devant, les penseurs par derrière, je suppose, et, au milieu, les critiques, essayistes et vaudevillistes, passer, passer, défiler, défiler, trompettes sonnant, drapeaux au vent, devant le monument, qui gardera de cette gloire auguste comme un reflet, comme une patine merveilleuse qui en fera un incomparable objet d'art. Ce n'est plus Barrias qui l'aura modelé, ce monument, c'est toute la gloire contemporaine.

Ici, le gros personnage administratif se tut, pour me laisser tout à la surprise de cette révélation.

Mais je n'étais pas très surpris.

— Hélas ! lui dis je. Ce n'est point là une idée bien nouvelle. Je me rappelle que, avant la dernière Exposition, au moment où les projets les plus scandaleux fermentaient dans toutes les cervelles de France, un certain M. René Barjeau avait proposé, non point que les gens de lettres défilassent devant des statues et devant des foules, mais qu'ils fussent exposés dans des sortes de ménageries spéciales où, pour une rétribution modique, les foules seraient admises à les contempler, dans l'exercice de toutes leurs fonctions. Cela, mon cher, me paraissait infiniment plus beau !

— Oui, mais, ils ne défilaient pas ! C'étaient les foules qui défilaient devant eux. Cela n'a aucun rapport, mon cher. Le nouveau, en ceci, c'est qu'ils défileront, les braves gens de lettres. On a vu défiler des tas de gens ; on n'a jamais vu défiler des tas de gens de lettres ! Quelle émotion ! On pourra les voir un par un, les reconnaître, les acclamer. Au besoin, je songe à leur appliquer dans le dos des numéros...

— C'est cela, de gros numéros !

— Parfaitement... comme aux automobiles !

Et je m'en allai, un peu triste, songeant que la gloire n'est guère enviable ; et qu'il vaut mieux, pour un grand poète national, l'émotion sincère d'une âme simple, un souvenir d'un vers, que toutes les acclamations des foules, entourant un monument, qui vous fige un homme, dans une position ridicule, pour l'éternité !

(Le Journal, 8 décembre 1901.)

ART NOUVEAU

Une promenade, dans Paris, par ces temps
d'étalages et de cadeaux, c'est quelque chose de
vraiment très mélancolique. A chaque pas, devant
chaque boutique, devant chaque vitrine, on est
stupéfié. On assiste partout à cette chose attris-
tante, douloureuse même, entre toutes : la mort
du goût. Nous ne le retrouvons plus nulle part,
presque plus nulle part, sinon dans la toilette des
femmes, parce que l'instinct de reproduction, plus
fort que la mort, sauvegarde du moins cette espèce d'art éternel qu'inspire à toute la nature le
désir de la possession. Mais c'est tout. Si le goût
survit encore chez quelques individus devenus de
plus en plus rares, il est répudié violemment par
les collectivités, comme s'il était pour elles un danger ou une saleté. Il a quitté la statuaire, la peinture, l'architecture, l'habitation, le livre, les jardins, le bibelot. Le goût, cette chose indéfinissable

qui fait qu'on aime un meuble, une pendule, un vase, un bijou, une ligne, une perspective, comme une personne ; le goût, qui est de l'esprit, du charme, de l'émotion, de l'harmonie, de la vie transportés dans la matière, aussi bien dans du métal de décoration pure que dans une étoffe de nécessité usagère, qui ornemente l'utile et utilise l'ornement, nous n'en avons même plus le souvenir. Il faut aller fouiller chez les antiquaires, parmi tant de choses hétéroclites et modernisées, parmi tant de fausses poussières, pour se rappeler, de temps en temps, ce qu'il fut jadis, chez nous. Il faut aller aussi dans les musées où, en dépit de l'indifférence, de l'ignorance, de la malfaisance de ceux qui les tripatouillent, on peut quand même se laver l'œil et se purifier l'imagination de toutes les ignominies modernes. Ce qui, au milieu d'un tas d'objets venus de partout, de la lourde Allemagne, ou de la trop fastueuse Italie, distinguait si lumineusement l'objet imprégné de notre goût, à nous Français, tout cela a disparu. Nous sommes tombés à l'égalité, à l'uniformité dans la laideur universelle. Nous n'avons plus rien à envier aux Anglais, aux Belges, aux Anglo Belges, aux Américains et même — comble de la consternation — aux Viennois, de qui nous vinrent Klein et Mackart !...Quelques heures de flânerie dans Paris, rue de la Paix, rue Royale, avenue de l'Opéra, sur les boulevards, n'importe où, aussi bien chez les tailleurs de marbre de la rue Saint-Sabin, les ébénistes de la rue Picpus, que chez les fondeurs du Marais, et voilà une constatation malheureusement bien facile à faire.

Au cours d'une de ces flâneries moroses, j'ai rencontré, alerte. triomphant, la joie dans les yeux, M. C... M. C. est un des promoteurs, en France, de l'Art nouveau, de cet art abominable et caricatural, qui n'est pas de l'art et qui n'est pas nouveau. Il a même poussé le prosélytisme jusqu'à devenir, de collectionneur riche, d'amateur falot, qu'il était, vulgarisateur actif, producteur. En plein Paris, il a ouvert un magasin où s'étalent toutes les horreurs.

— Eh bien !... me dit-il. Ça marche !... ça marche !... Nous triomphons !

— Hélas !

Il eut une expression de mépris.

— C'est vrai !... fit-il. J'oubliais... Vous n'en êtes pas, vous, du progrès !... vous boudez devant le progrès !... vous restez en arrière... dans le Louis XVI, je parie ?...

Il ne me donna pas le temps de répondre... D'ailleurs, à quoi bon répondre ?

— Ah ! le Louis XVI !... continua-t-il, en haussant les épaules. Eh bien !... moi... plus je vais... et plus je trouve ça infect... idiot... hideux !... Tenez, j'en suis arrivé à ne pouvoir plus... je ne dis pas posséder... je dis regarder... regarder, vous entendez bien, une étoffe Louis XVI... Ça me révolte... Ça me met en une telle rage... que je

suis plusieurs jours à m'en remettre !...La pureté,
la simplicité, l'harmonie, la grâce du Louis XVI !...
Ah! laissez-moi rire!... Ah! non! on ne me la
fait plus, celle-là !... Je suis un homme de mon
temps, que diable !... un homme moderne !... Et
quand même le Louis XVI serait beau... qu'est-ce
que cela peut bien faire à l'homme de progrès... à
l'homme de mon temps que je suis ?...C'est passé...
c'est fini... Mieux vaut mille fois du laid moderne
que du beau ancien !... Et c'est si vrai que... tenez... voici ce qui m'est arrivé... L'autre jour, j'ai
retrouvé, chez moi, une cafetière Louis XVI...
Une cafetière Louis XVI, chez moi... chez moi !...
Comprenez-vous ça ?... C'est insensé !... J'ai cru
que j'en ferais une maladie... Je l'ai donnée à ma
cuisinière...

— La maladie ?...

— Non, la cafetière. Eh bien ! ma cuisinière n'en
a pas voulu... Elle l'a refusée avec indignation...
Elle m'a dit : « Une cafetière Louis XVI !... Oh !
monsieur ! je n'aurais jamais cru cela de monsieur !... » C'est évident !... Même le peuple, mon
cher monsieur !... Ah!ça marche... ça marche !...
Avez-vous vu mon exposition ?

— Non... pas encore...

— Il faut voir ça, mon cher monsieur... Bigre !...
C'est très important !... J'ai une cafetière à mon
exposition. Oui... mais pas une cafetière Louis XVI.
Ah ! non !... une cafetière moderne !... Elle est en
bouse de vache galvanisée. . et elle représente...

un fromage de Roquefort... Ça, c'est une cafetière. Alors... vous n'avez pas vu ma pendule?

— Non.

— Mais sacristi!... vous ne voyez donc rien?... Ma pendule est épatante!... Le cadran, une fleur de soleil, en cuivre bleu...

— Bleu?

— Mais certainement!... Du cuivre jaune ou du cuivre rouge, la belle avance!... Moi qui suis de mon temps... je trouve que le cuivre doit être bleu!...

Et il continua la description de sa pendule :

— Le balancier figure la tige de la plante... On dirait d'une tige battue par un grand vent... Car, en art, la beauté de la forme n'est pas tout, il faut aussi le mouvement... Pour le socle, je crois avoir trouvé quelque chose de très ingénieux... Sur quoi repose une plante, en général?... Sur des racines, n'est ce pas? Eh bien! le socle de ma pendule, ce sont les racines du soleil, mais des racines tellement tordues, emmêlées, enchevêtrées, qu'on dirait les intestins d'un homme malade d'une entérite infectieuse... C'est superbe!...

Et, tout en marchant, il me disait, de plus en plus enthousiasmé :

— Une chaise, c'est un arbre!... Un fauteuil c'est une pintade... Une armoire c'est une cheminée... Une cheminée, c'est une commode... C'est évident... c'est évident... Demandez à Granet, à de Feure, à Armand Point!...

Quand il me quitta, il me dit encore :

— Nous ne sommes pas arrivés tout de suite à la perfection... On n'invente pas un style... comme ça... en un jour... Non, parbleu !... Nous avons tâtonné... j'en conviens... Nous avons hésité... Et puis... l'habitude des vieilles formes... les lignes connues... toute cette hérédité de choses surannées... Ah ! ce n'est pas toujours facile, mon cher monsieur... Pour un fauteuil, par exemple... nous avions beau faire du dossier ses pieds et des pieds son dossier... eh bien !... ce n'était pas ça... Restait toujours le siège... Que faire du siège ?... Le supprimer ?... le retourner ?... ou bien quoi ?... Oh ! les commencements ont été durs, je l'avoue... Oui, mais maintenant, à force de briser les lignes et de déformer les formes, nous sommes enfin arrivés à quelque chose de vraiment neuf... de tout à fait original... Ainsi, moi, je vous assure, j'ai trouvé le style définitif moderne, le style XXe siècle... Venez donc voir ça !.. Vous serez renversé !... parole d'honneur !... Au revoir !

Deux jours après, j'allai chez M. C. Il me montra un canapé et deux fauteuils Louis XVI, du plus pur style Louis XVI.

— Hein ?... fit-il en me regardant du coin de l'œil, avec une expression à la fois triomphante et malicieuse. Est-ce définitif, ça ?... Est-ce joli ? Est-ce trouvé ?...

A force de briser les lignes et de les reconstituer,

il avait fini, lui, homme de son temps, par inven-
ter le Louis XVI !

Je partis sans avoir l'idée de le désenchanter...

A quoi bon ? Il eût, le lendemain, inventé, le
Louis XV... et peut-être même le gothique !...

(*Le Journal*, **22** décembre 1901.)

BULLETIN DE L'ART

Un certain degré d'art...
GEORGES LEYGUES

Le bruit court avec persistance et malignité, dans le monde des artistes : les uns disent que l'on a confié, les autres, moins catégoriques, que l'on va confier à M. Guillaume Dubufe, officier de la Légion d'honneur, l'achèvement des grandes peintures décoratives que la mort de Puvis de Chavannes laissa inachevées. Primitivement, c'était Cazin qui avait été désigné pour ce travail de raccordement posthume. Mais Cazin est mort, lui aussi, sans avoir pu le réaliser. Bien que le poète des dunes et des clairs de lune sur les dunes, fût un homme d'une grande intelligence et un peintre de réelle valeur, malgré son métier triste, bien qu'il eût, plus qu'un autre, le sens pieux, fraternel de l'art, élu par Puvis de Chavannes, beaucoup de personnes avaient trouvé ce projet souverainement irrespectueux... Et je sais que Cazin avait eu des remords d'y avoir consenti...

Il n'est pas nécessaire, en effet, que des peintures soient achevées, du moins par d'autres que celui qui les conçut et les commença. Elles sont ce qu'elles sont et elles doivent rester telles que l'artiste les laissa... A ce compte, je ne vois pas pourquoi on ne commanderait pas à M. Bouguereau l'exécution des cartons de Raphaël, et à M. de Saint-Marceaux le rajustage des bras de la Vénus de Milo. Je ne vois pas pourquoi, non plus, étendant ce principe aux choses de la littérature, on ne ferait pas remanier et finir *Bouvard et Pécuchet*, de Flaubert, par M. le marquis Costa de Beauregard, et les *Polichinelles,* de ce pauvre Becque, par M. de Massa, également marquis, et qui, s'il n'est point de l'Académie, est d'un Cercle très chic, ce qui est la même chose. Il n'est point jusqu'aux *Pensées*, de Pascal, qui gagneraient à être inscrites dans un texte définitif, par quelqu'un dans le genre de M. René Doumic, je suppose.

Si merveilleusement disposé que je sois — car j'en ai vu bien d'autres — à accepter pour possibles les pires stupidités administratives, je ne puis croire encore à la réalité de cette nouvelle et, avant d'en parler, avec tous les détails qu'elle comporte, je voudrais bien qu'elle fût confirmée officiellement, ou démentie... Car enfin. on peut, on doit même, ne pas aimer l'art de M. Guillaume Dubufe, mais, jusqu'à preuve du contraire, il est tout à fait inconvenant, et nous n'avons pas le droit d'admettre que ce peintre consente, aussi

orgueilleusement, à déshonorer un des plus grands
artistes de ce temps, en lui infligeant des rapièce-
ments, des ressemelages de sa composition... Que
la pensée de ce véritable sacrilège ait bien pu ger-
mer dans la cervelle compliquée d'un fonctionnaire, il n'y a là rien d'invraisemblable, car on ne
sait pas jusqu'où peut aller dans l'audace mystifi-
catrice l'ironie d'un homme qui passe toute sa
vie le derrière capturé dans un rond de cuir...
Mais qu'on trouve quelque part, même dans les
plus bas-fonds de l'Institut, un artiste pour com-
mettre ce sacrilège, même un artiste dans le genre
de M. Guillaume Dubufe... je ne le croirai que
lorsque je l'aurai vu, de mes yeux vu, ce qui s'appelle vu !...

En attendant, nous avons d'autres nouvelles,
exquises toujours, mais véridiques, celles-là...

C'est ainsi que nous apprenons, aujourd'hui, par
les renseignements les plus sûrs, que M. Georges
Cain, directeur du musée Carnavalet, vient d'être
officiellement chargé d'organiser le musée du Petit-
Palais... Comme le Petit-Palais ne peut contenir
ni des automobiles, ni des chevaux, ni des porcs en-
graissés, ni des instruments agricoles, on s'est rési-
gné à en faire un musée, un musée moderne, si j'ose
dire, le musée des Beaux-Arts de la Ville de Paris...
Ah ! pauvre Paris, on va encore t'en donner pour
tes conseillers municipaux et pour ton argent !...

Si j'en crois M. Georges Cain, chargé de l'organiser, la chose promet d'être admirable, mais

peut-être pas dans le sens où on l'entend générale-
lement d'un musée.

— Organiser, c'est beaucoup dire, confesse
modestement M. Georges Cain, qui semble répu-
dier, par avance, les responsabilités que contient
et comporte le verbe : organiser... Non... non...
pas organiser... accrocher, tout au plus... mettre
en place... Et c'est très différent...

M. Georges Cain, qui a déjà vu beaucoup de
choses, ne paraît pas avoir confiance. Son biogra-
phe, de qui je tiens ces déclarations, assure que,
sur la physionomie de ce conservateur de musée,
qui accroche et n'organise pas, passent constam-
ment des ombres de mélancolie. Il explique que
M. Detaille, M. Carolus Duran, M. Bonnat, M. Gérôme, aidés de quelques conseillers municipaux,
sont allés dans les réserves d'Auteuil, où, depuis
des années et des années, s'entassent les œuvres
achetées par l'Etat aux artistes modernes, et que
revomissent les musées de province, sont allés
chercher quelques toiles de leur choix, des toiles
que M. Georges Cain, ensuite, accrochera silencieusement et mettra en place de son mieux... Tous
les plus mauvais souvenirs des Salons, tous ces
tableaux à peine nés et déjà morts !... Des Gérôme,
des Détaille, des Carolus Duran et leurs dérivés !
Ah ! les tristes, les navrantes, les funéraires promenades, le long de ces galeries, dont on aurait
pu, vraiment, laisser les murs tranquilles et nus !...

— Oui, mais, que voulez-vous ?... Il faut bien,

d'une manière ou d'une autre, débarrasser les réserves d'Auteuil... Elles sont pleines... elles dé-
bordent !... Là ou ailleurs, mon Dieu !...

Soyez sûrs, chers lecteurs, ah ! soyez bien sûrs
que là, dans ce musée moderne, dans ce débarras
des granges d'Auteuil, dans cette écume rejetée
des musées de province, vous ne serez point offus-
qués par un seul Manet, un seul Monet, un seul
Renoir, un seul Cézanne, ni par un Degas, par un
Vuillard, par un Roussel, par un Valloton, par
un Bonnard, par un Toulouse-Lautrec, ni par
un Forain ; c'est-à-dire par une seule œuvre qui
donne à l'art de notre temps sa signification véritable... Vous n'y verrez pas davantage, heureux
lecteurs, de ces robustes Pissarro, qui sentent
si bon la terre, de ces délicats Sisley, de ces Berthe
Morizot, enlevés comme à pointe de nerfs, et si
délicieusement, si profondément féminins !... De
tous les jeunes gens qui peinent, qui cherchent,
qui réalisent, les Emile Bernard, les Maurice
Denis, les Valtat, les Luce, les Mazol, et ses sta-
tuettes de bois, pures comme de petits chefs-
d'œuvre de la Grèce, aucun ne sera représenté
dans le musée moderne, et même contemporain...
Constantin Guys en sera exclu, et Daumier pareillement ; et peut-être même Corot, du moins le
Corot d'Italie et de la vallée de Grasse...

Et c'est juste !... Et cela doit être ainsi.

Tout appartient aux Académies. La décoration
des murs, des jardins, les façades des palais, les

galeries des musées... les intimités des appartements. Ce sont les Académies qui décident et qui
choisissent... Elles distribuent la gloire, les honneurs, l'argent aux peintres, aux sculpteurs, aux
graveurs, aux écrivains, aux savants... Tout ce
qui travaille en dehors d'elles, en dehors de leurs
ambitions stériles et repues, de leurs hypocrisies
de leurs vanités, elles l'ignorent... Elles ignorent
même le génie qui secoue le monde, et l'embrase
des flammes de son esprit... Dans un temps où
vivent, déjà immortels, des Tolstoï, des Ibsen, des
Thomas Hardy, c'est avec M. Sully-Prudhomme
qu'elles triomphent, M. Sully-Prudhomme, poète
nébuleux, penseur obscur et tortueux, pénible écrivain !...

Ah ! mon Dieu, que M. Guillaume Dubufe achève
donc l'œuvre de Puvis de Chavannes... Après tout,
cela ne déparera pas le siècle... ce sera d'ensemble, comme ils disent... Et ainsi sera atteint « ce
certain degré d'art », désiré par les prophètes de
gouvernement...

(Le Journal, 29 décembre 1901.)

VERNISSAGE

Ainsi que vous l'avez vu, hier, dans le *Journal*, chers lecteurs et amis, et vous aussi, jolies lectrices, âmes tendres et rêveuses, nous avons bien failli !... ô deuil ! ô furieuse démence !... ne pas avoir de Salon, cette année... Si absolument inadmissible, si effarante que paraisse une telle chose, il s'en est fallu de rien qu'elle arrivât... car tout arrive, hélas ! même l'inarrivable !... J'en ai encore l'âme toute frémissante et, comme on dit dans mon village, l'estomac tout retourné !... Même le danger disparu, l'impression est restée telle en moi, que je ne puis me faire à l'idée de ce qui eût bien pu se passer, si nous n'avions pas eu de Salon... Pas de Salon !... Mais alors, pas de vernissage, non plus?... Pas de vernissage !... A cette pensée, qui m'évoque les pires catastrophes et au fond de laquelle, tout au fond, j'entends comme le bruit sinistre des trompettes du jugement dernier, mon cœur se glace et mes tempes bourdonnent... Et, parmi des ruées terribles, je vois apparaître la face vengeresse de M. Bouguereau !... Pas de vernissage !... Que fussent devenus, je vous le demande, tant et tant de vieux Parisiens... et tant de femmes exquises... et tant de printanières toilettes... et tant de riches et loquaces Mécènes... qui n'ont que ce jour-là, dans toute une année, pour se consacrer à l'art, pour vivre les grandes, les pures, les sublimes émotions de l'art ?

L'un d'eux me disait, au moment où la crise était des plus aiguës et le conflit irréparable peut-être, me disait avec une superbe confiance :

— On peut concevoir bien des choses inconcevables et folles... on peut concevoir le boulevard sans Tortoni, le théâtre sans Sarcey... l'adultère chrétien sans Bourget... quoique, en vérité, cela soit dur à concevoir et que l'on ne s'habitue pas facilement à de telles anomalies... Mais Paris sans vernissage ?... Allons donc !... Autant dire que nous pouvons nous représenter des fleuves torrentueux sans eau, des ciels d'été sans infini, des femmes sans caprices et des oiseaux sans chansons... et des Dagnan sans Bouveret !... Ce serait la fin de tout, la mort de tout... le chaos... l'engloutissement... Cela ne peut pas être, cela ne sera pas... Soyez sûr qu'au dernier moment cela s'arrangera le mieux du monde. Car Leygues... Bouguereau ou moi... nous serions morts... Il n'y aura peut-

être pas de Salon ?... Cela, je puis l'admettre...
Mais il y aura toujours un vernissage.

Et d'un geste qui exprimait l'impossible d'une
telle supposition, il ajouta:

— Ou alors, Paris ne serait plus Paris !... L'esprit
parisien aurait quitté Paris... Et l'esprit parisien
est aussi indispensable au fonctionnement de
l'univers, que le soleil, les lois de la gravitation,
l'équilibre planétaire, Réjane, Coquelin... Mais
oui, mon cher...

Et il me quitta en levant les bras au ciel.

Vous connaissez l'origine du conflit qui faillit
bouleverser toute la norme artistique de Paris...
L'Etat avait, cette année, la prétention de retirer
à nos braves artistes, qui vivent dans le bleu... et
même dans le vin bleu, l'exploitation de la limo-
nade... Il ne voulait pas qu'ils exerçassent, dans
l'enceinte de leur Exposition, la profession décriée
— pourquoi ? — de marchand de vins... Par une
pudeur exagérée, il trouvait, sans doute, que
c'était là une atteinte à la dignité de l'art.

Vous êtes des artistes, mes chers amis, leur
disait-il... Vous n'êtes pas des mastroquets... des
bistrots...

Et là-dessus, il leur enlevait le buffet...

Protestations, cris, émeutes... Colère de M. William Bouguereau, toujours prêt aux belles luttes
pour l'idéal, car Joseph de Maistre n'a-t-il pas dit
que le bouguereau était la pierre angulaire de
la société...

Ah ! nous ne sommes pas des bistrots... des mastroquets ! s'écriait M. William Bouguereau, qui, remarquons-le en passant, se prénomme William, comme Shakespeare .. Eh bien, nous allons voir ça !

Et il jetait le cri de guerre :

— Pas de buffet... pas de cuisses !

Il entendait par là que, s'il n'avait pas le droit de servir des bocks au public, assoiffé d'art et de bière, il n'exposerait pas les cuisses de ses nymphes.

Contre une telle menace que vouliez-vous que fit l'Etat ?... Qu'il cédât ?... Or, l'Etat n'a pas encore cédé, car il veut mettre des formes à sa soumission, mais il cédera... Il y aura donc, réjouissez-vous, chers lecteurs, un vernissage !...

Hier soir, comme par hasard, je dînais dans une maison où se trouvait le docteur Doyen... Vous pensez si, après la retentissante et cinématographique opération qu'il vient de pratiquer, l'illustre chirurgien était fort entouré et fêté... Il n'y en avait que pour lui...

— Oh ! docteur, coupez-moi quelque chose... un petit rien ! suppliaient les femmes.

On lui demandait son avis sur toutes sortes de questions... J'en vins à parler du conflit des artistes et de l'Etat, car on sait que le docteur Doyen n'est pas seulement un chirurgien expéditif, mais qu'il est aussi un artiste éclairé.

— Vous savez, me répondit-il, si je m'intéresse
à l'art... Mais il n'y a pas qu'un art, que diable!...
Et ces peintres, avec leurs réclames insupportables
et leurs perpétuelles revendications, finissent par
me porter sur les nerfs, terriblement... Tant de
tapage, parce qu'ils mettent de la couleur sur de
la toile !... Mais, moi aussi, j'en mets de la couleur... et de la vraie... sur de la toile... et de la
toile aseptique, encore !... Quand ils auront trouvé
le rouge que j'emploie... Ah ! ah !... le rouge, le
seul rouge, quoi !... Est-ce que je demande pour
cela des buffets ?...

La plaisanterie fut généralement jugée spirituelle... Le docteur, savourant son succès, continua :

— Voyez-vous, cela me fait pitié... Le Salon !
le vernissage !... Mais tout cela a fait son temps.
Je vais lui donner un vernissage, moi, au public...
un vernissage autrement intéressant et émouvant.

— Quoi donc ? fit-on de toutes parts.

Et les visages exprimaient une angoisse où la
terreur l'emportait sur la curiosité... Le docteur
Doyen répondit :

— Voici... Moi aussi, j'ai demandé à l'Etat de
me prêter les vastes salles du Grand-Palais... ah !
ah !... pour y installer une exposition... pas banale, je vous assure... et au vernissage de laquelle
je convierai le Tout-Paris des premières et des
expositions, qui doit en avoir assez, au fond, qu'on
lui serve, tous les ans, le même tableau et la même
pièce. Un vernissage extraordinaire, je vous le

jure, et qui vous donnera la chair de poule...
ah ! ah !... mes petites chattes !...

Il avait pris, sur la table, un couteau à décou-
per, et, gesticulant, il disait :

— J'exposerai des malades affligés de tous les
genres de maladies, de blessures et de difformi-
tés. Les plaies intérieures, les tumeurs, les kystes,
les fibromes, les cancers, les abcès du foie, du
ventre, de la cervelle... Et je taillerai dans le
tas !... En même temps, comme un jongleur fait
de ses assiettes et de ses boules d'or, j'ouvrirai
les ventres, les estomacs, les crânes, le thorax...
Je couperai les bras, les têtes.., je couperai tout
ce qu'on voudra...

Et, dans son enthousiasme chirurgical, il avait
saisi le crâne de son voisin de gauche, le ventre
de sa voisine de droite... et il jonglait avec ces
deux organes, au dessus de la table, où des gouttes
de sang tombaient... tombaient. Et il criait :

— Voilà, mesdames et messieurs. Ce n'est
pas plus difficile que cela. Qui en veut ?... Qui en
veut ?... Plus de têtes... plus de ventres... plus de
cœurs... plus rien...

Moi, je m'étais enfui, épouvanté, non, toutefois,
sans avoir constaté avec une indicible horreur que
l'illustre chirurgien avait replacé le ventre de sa
voisine de droite sur la tête de son voisin de
gauche et le crâne de son voisin de gauche dans
la cavité intestinale de sa voisine de droite !

(Le Journal, 16 février 1902.)

ES-TU CONTENT, BARRIAS ?

Auguste Rodin aura eu vraiment une destinée peu ordinaire et l'on ne pourra pas dire de lui que ce que vulgairement on appelle la chance, l'ait favorisé de son vivant. Il y a peu d'hommes, même peu d'hommes de génie, qui aient été aussi férocement niés, aussi complètement insultés que lui !... Chaque fois que, pour l'honneur de l'humanité, pour la gloire immortelle de l'art, Auguste Rodin produit une œuvre, il lui arrive des avanies de toute sorte et sans nombre. Aujourd'hui, il n'en est plus à les compter... Je me trompe, il peut les compter au nombre même de ses œuvres... Un autre homme qui n'eût point eu une solide et invulnérable trempe morale, comme Rodin, un homme qui ne se fût point réfugié, comme Rodin, dans l'ardente paix de son œuvre, et, loin des intrigues, des sottises et des haines, n'eût point fait sa joie des joies immenses, pures, toujours nouvelles que donne la nature à qui sait la voir, la comprendre et l'aimer... il y a longtemps que cet homme-là on eût eu raison de lui... Par bonheur, on ne peut rien contre Rodin, et quand on croit l'abattre, on ne fait qu'exciter en lui un plus grand désir de s'exprimer. Rien d'ailleurs n'est plus compréhensible et plus juste que cette haine du génie, cette chasse au génie, dans une société nivelée, aplanie, où il n'est permis à personne de dépasser de la tête le cordon de la médiocrité égalitaire et démocratique où tous les poètes doivent être de plats insectes, tous les écrivains d'immobiles larves dormant sous la pierre du respect, tous les artistes de pauvres animaux domestiques, clopinant dans les basses-cours, ou pataugeant dans les mares du préjugé !... Ah ! c'est vraiment une chose bien mal portée, d'un anachronisme bien ridicule que le génie, par le temps qui court !... S'il venait à l'esprit d'un homme de génie de chercher satisfaction et récompense dans l'estime de ses contemporains, il serait rudement déçu, le pauvre !... Et si par surcroît, il comptait sur l'Etat, pour le protéger et pour le défendre, c'est-à-dire pour le perpétuer, quelle déception, plus amère encore !... Dans notre société civilisée par la disparition de toutes les formes de beauté, le génie est traqué, comme l'est le grand fauve dans les cultures de l'Indo-Chine conquises sur la forêt vierge. Dès qu'il apparaît et qu'il pousse son rugissement, tout le monde crie,

hurle, s'arme contre lui... Non seulement on l'abat
à coups de feu, mais on le combat aussi par la
ruse... On lui dresse des pièges... on le cap-
ture... et on vend sa peau pour orner la chambre d'une cocotte ou le bureau d'un financier...
On poursuit de même l'homme de génie, qui, de
temps en temps, vient troubler les petites combinaisons des marchands d'art... et sa peau est portée en offrande à quelque gras fonctionnaire de
l'Institut, dont la joie est de se décrotter les pieds
sur ce tapis royal !...

Il n'en est pas moins vrai que c'est une bien
douloureuse histoire que celle des sculpteurs de
notre temps... Un sculpteur n'a rien à y faire.
Nos appartements sont trop petits pour lui, et
trop de choses y sont prises par le confort, au dé-
triment de la décoration. D'ailleurs, la *pâtisserie*
suffit à cette dernière. Quant aux statues, où les
mettre ? Il semble que d'être sculpteur cela soit
devenu un métier aussi hypothétique que celui de
ce pauvre hère qui ramassait le crottin des chevaux de bois... A part les monuments qui en-
combrent, de laideur, nos places publiques et nos
jardins, et qui viennent des grands bazars de
l'Institut, à part quelques bustes officiels, dont
l'exécution est constitutionnellement attribuée
à M. Denys Puech (discrétion, célérité, ressemblance)... à M. Denys Puech, qui fait des bustes
par grosses, comme on fait des fromages par pail-
lons, dans les usines spéciales, on ne sait pas bien

vraiment ce que les autres sculpteurs peuvent sculpter... Il semble donc que le rôle de l'Etat fût, par de plausibles commandes destinées à orner nos musées et nos monuments, d'assurer, je ne dis pas la fortune, mais simplement l'existence à des gens utiles après tout, puisque, comme Phidias, Donatello, Michel-Ange, Goujon, Houdon, Clodion, Rude, Carpeaux, Rodin, ils meublent de chefs-d'œuvre l'histoire... Mais l'Etat a bien d'autres choses à faire, bien d'autres bureaux de tabac à distribuer... Et les sculpteurs ne tarderont pas à disparaître comme ont disparu la plupart des formes préhistoriques...

Vous vous souvenez, peut-être lors de l'Exposition, à la suite de quelles difficultés, au prix de quelles décourageantes démarches, Auguste Rodin avait fini par obtenir du Conseil municipal un modeste emplacement où il pût élever un atelier afin d'y montrer au public son œuvre, du moins une partie de son œuvre... Les industriels peu scrupuleux qui sollicitaient des terrains pour faire danser du ventre et, en général, pour y installer des spectacles stupides et graveleux, avaient toutes facilités, toutes protections, tous encouragements.

— Ce sera excessivement raide, disaient-ils... Et si le ventre ne suffit pas... vous m'entendez bien !... ma foi, oui !... D'ailleurs, nous aurons Guillaume pour régler tout ça !... Ainsi !

Pour un peu, après ces déclarations promet-

teuses, loin d'exiger des arrhes de si charmants
artistes, on les eût aidés avec l'argent des contribuables... Mais toutes les hostilités firent balles
contre Rodin, et je dois rendre en passant cette
justice à M. Georges Leygues que sans lui, sans
son énergique intervention, l'autorisation sollicitée
par Rodin eût été unanimement refusée... Elle fut
pourtant accordée !... avec la plus mauvaise grâce
du monde, il est vrai... L'Exposition terminée, le
Conseil municipal voulut au moins manifester contre le grand artiste sa haine qu'il l'eût privé, peut-
être, de quelques nudités syriennes en action...
Il lui intima l'ordre, un ordre insolent et bref,
d'avoir à déguerpir au plus vite, ses plâtres, ses
marbres, ses bronzes, son atelier. On ne lui laissa
qu'un délai de quatre jours... Cette exposition
admirable, qui fut l'honneur et l'excuse de la
grande foire, gênait le Conseil municipal qui
avait hâte de rendre ce petit terrain déshonoré
par la statuaire de Rodin à sa destination édili-
taire, laquelle était de montrer au milieu d'une
pelouse conique une sorte de statue de bronze,
un objet dérisoire, représentant je ne sais plus
quoi... Peu s'en fallut même que des huissiers
n'instrumentassent contre Rodin...

Aujourd'hui, après deux ans, la même chose
recommence, la même haine stupide et force-
née. Le Conseil municipal ne veut pas que durant les fêtes du Centenaire d'Hugo, on montre
au peuple la seule image vivante et parlante que

nous ayons du grand poète : celle que fixa immortellement Auguste Rodin.

Barrias, es-tu content ?

Cela vaut peut-être mieux ainsi, afin que notre
dégoût du gouvernement, des institutions et des
hommes, en général, soit complet. Et il n'y a pas
de meilleur antiseptique pour le goût, que le
dégoût...

P.-S. — En rendant compte de la petite pièce,
Le Portefeuille, que la Renaissance représenta
cette semaine, quelques critiques ont bien voulu,
les uns pour me louer, les autres pour me blâmer,
déclarer que j'avais quelque peu plagié les sujets
et la manière si personnelle de M. Courteline.
Je sais bien que tout aujourd'hui, même Molière,
est dans Courteline, comme autrefois tout était
dans Aristote, même Darwin. Me sera-t-il permis,
néanmoins, de croire que s'il est deux esprits absolument antipodaux l'un à l'autre, c'est bien
M. Courteline et moi... Je le regrette, d'ailleurs...
Quant au sujet de ma pièce, je ne l'ai pas plus pris
dans une pièce de Courteline, que Courteline n'a
pris le sujet d'*Un client sérieux*, dans un article
de moi, paru au *Journal* sous ce tire : *Au Palais*,
il y a bien longtemps déjà... pas plus qu'il ne
prit le sujet des *Balances* dans un autre article
intitulé : *Le Mur*... Je n'ai jamais songé, pour ma
part, à lui faire grief de cette ressemblance qui
avait un point de départ commun : la vie. Et la
vie est à tout le monde. C'est dans la vie que j'ai

pris le sujet du *Portefeuille*. Un fait divers que tous les journaux publièrent fut mon seul inspirateur.

Mais cela ne fait rien... Et bien des critiques, quintessencieurs d'analogies, et fort savantes gens, continueront d'affirmer que la vie elle-même est une vilaine plagiaire... et que rires, ironie, satire, amertume, bonhomie, elle chipe tout dans Courteline...

(Le Journal, 23 février 1902.)

L'ABBÉ CUIR

Il arrive à M. Henry de Groux une aventure
peu banale. Cette aventure a déjà été racontée —
fort spirituellement — par le *Cri de Paris*. Elle
me semblait tellement énorme que, d'abord, je ne
voulais pas y croire, bien que, ordinairement, je
ne me refuse pas à accepter pour vraies les choses
les plus invraisemblables, lesquelles sont, en général, toujours en dessous de la réalité, car, plus
je vais dans la vie, et plus je m'aperçois que
c'est la vie qui exagère, et non ceux qui sont chargés de l'exprimer. Depuis l'article du *Cri de Paris*,
j'ai eu la bonne fortune de rencontrer M. Henry
de Groux, qui voulut bien me confirmer, de tous
points, l'extravagante aventure dont il est la victime... Elle vaut la peine qu'on la conte à nouveau.

Il existe, à Paris, au fond du quartier lépreux
qui s'étend derrière la Glacière, entre la prison de

la Santé, et l'hôpital Sainte-Anne — on voit que
c'est tout à fait la campagne — une chapelle.
Cette chapelle se nomme la chapelle de la Sainte-
Agonie. Elle a été récemment bâtie par les Lazaristes. Malgré son titre mystique, elle n'est l'objet
d'aucun culte particulier, ni d'aucunes pratiques
spéciales. On y dit la messe, simplement ; on y
fait ce qu'on fait dans toutes les églises du quartier, ni plus, ni moins... Ce n'est pas que le
quartier de la Glacière soit plus pieux qu'un
autre, mais il y a encore beaucoup de gens, même
dans ce sinistre endroit chanté par Bruant, que
sollicite le charme des appellations romantiques,
et l'idée de la mort, du sang, des tortures, est
un précieux adjuvant à la dévotion. Les prêtres
savent cela. Aussi, cette chapelle est-elle fréquentée par de nombreux fidèles... Et puis, comme
dit l'autre, mieux vaut encore aller à l'église qu'au
café... ça coûte moins cher...

Extérieurement, la chapelle de la Sainte-Ago-
nie n'évoque aucune des terreurs de son nom.
Sans prétention architecturale, elle ressemble à un
magasin quelconque, à une remise, à un garage.
A l'intérieur elle est spacieuse, et assez sobre de
style pour favoriser une conception décorative,
purement picturale... De grandes surfaces murales
attendent la fresque... Naturellement, des statues
peintes, des vierges sulpiciennes, au manteau bleu,
étoilé d'or, toute sorte de bons dieux polychromes et
de saints auréolés, l'ornementent, çà et là, de cou-

leurs abjectes et de fausses dorures... Mais quoi !...
on n'est pas Saint-Baron, ni Notre-Dame de Paris...
Et ces pauvres Lazaristes, par ces temps d'impiété,
ne peuvent pourtant pas s'offrir, sur le prix de
leurs quêtes et de leurs cadeaux, les petits Jésus,
aux fesses roses, de M. William Bouguereau, ni
la ressemblance de Dieu le père, garantie trois
ans, par M Denys Puech... (*Voir les annonces*.)

Comment se fait-il qu'un jour l'idée d'une décoration somptueuse germa dans la cervelle de l'abbé
Bernard, chapelain de cette chapelle ?... Et par quel
chemin mystérieux fut-il conduit jusqu'à M. Henry
de Groux, que sa réputation d'artiste intransigeant,
de chercheur original et de fougueux coloriste, ne
destinait pas — j'entends en l'esprit des abbés Bernard et autres — à de pareils travaux ?... Mais
les voies de Dieu sont si impénétrables !... L'abbé
Bernard suivit peut-être une étoile !... Et peut-être
aussi, croyait-il, ce candide abbé, que le *Christ aux
Outrages*, une des œuvres les plus importantes et
les plus audacieuses de M. Henry de Groux, rentrait dans l'idéal des ordinaires bondieuscries ?...
Toujours est-il que l'abbé confessa au peintre,
fort étonné, le grand désir qu'il avait de voir sa
chapelle décorée par lui...

On s'entendit sur le prix, modique, extrêmement modique, et sur toutes choses, M. de Groux
considérant que ce n'était pas là une affaire, et
qu'un artiste, qui n'est qu'un artiste, n'a pas toujours l'occasion de pareilles aubaines, car les

grandes décorations se font de plus en plus rares, aujourd'hui.

Mais quel singulier bonhomme que cet abbé Bernard!... Onctueux, peloteur, d'apparence naïve, c'était un terrible bavard... Il mit, tout de suite, son peintre au courant de ses idées religieuses, politiques et artistiques... Il ne tarissait pas d'éloges sur Léon XIII, dont il admirait l'esprit révolutionnaire...

— Un socialiste, mon cher monsieur... un vrai socialiste !... Ah ! ah ! vous comprenez .. ça les embête !...

Lui-même se disait démocrate chrétien, partisan de l'idéal républicain...

— Eh bien ! oui... là... ré-pu-bli-cain ! Ah ! ah ! vous comprenez... ça les embête !...

Pour ce qui était de l'art... il estimait que les arts... que tous les arts... ne doivent s'inspirer que du goût des fidèles.

— Mais si les fidèles ne manifestent aucun goût ?... objectait l'artiste.

— Ta, ta !... répondait l'abbé... les fidèles ont toujours un goût... Seulement... voilà... vous comprenez ?...

— Parfaitement, concluait de Groux ne voulant pas, par l'étalage de son esthétique, désobliger ni terrifier un pauvre homme par qui venait de se réaliser un des plus ardents rêves de sa vie...

Et il se mit au travail... Il ne lui fallut pas beaucoup de temps pour trouver que l'éducation artis-

tique de son Mécène avait été fort négligée...
L'abbé ne connaissait pas, même de nom, Rembrandt... Quant à Salvator Rosa, il le confondait
avec Rosa Bonheur.

— Un peintre d'animaux... Oui !... oui !... je
sais... Et toujours habillé en femme !... Ça n'est
pas décent !...

Mais qu'est-ce que ça lui faisait à de Groux ?...
Il travaillait avec acharnement, avec ivresse...
Durant quatorze mois, il ne quitta pas la chapelle... Les murs, peu à peu, se couvraient... Ici,
c'était la *Prophétie de saint Siméon* ; là, la *Fuite
en Egypte*... et le *Christ parmi les docteurs*, et
la *Montée au Calvaire*, et le *Calvaire abandonné*...
et la *Mise au tombeau*... Compositions énormes
rajeunies par son imagination, où toute une pensée
ardente s'inscrivait dans l'harmonie des colorations
et des lignes.

Et, à mesure que le prodigieux travail avançait :

— Vous voyez, disait-il à l'abbé... il faut enlever toutes ces bondieuseries qui font une tache
ridicule sur la peinture... D'ailleurs, vous me
l'avez promis...

— Oui... oui... faisait l'abbé qui regardait les
fresques d'un œil rond, et n'exprimait jamais son
opinion sur une peinture qui le déconcertait et le
bouleversait dans ses idées d'homme qui ignorait
ce que c'est que Rembrandt...

Un jour, se trouvant fatigué, Henry de Groux

prit quelques jours de repos. Quand il revint et qu'il entra dans la chapelle, quelles ne furent pas sa stupéfaction... et sa colère !... Il ne reconnaissait plus ses peintures... On avait substitué d'autres peintures aux siennes... Ici, je laisse la parole à l'artiste :

— Dans la *Prophétie de saint Siméon*, l'abbé Bernard avait supprimé l'autel des parfums, dont j'avais fait une chose des plus importantes... Il avait modifié complètement la forme, la couleur. et le dessin de l'allégorie centrale du Cœur transpercé. qui donne le sens de la prophétie, modifié aussi le visage de saint Siméon, de la Vierge et de saint Joseph, dans le goût sulpicien des horribles plâtres qui ornent les autels... Dans la *Fuite en Égypte*, il avait rajeuni saint Joseph, enjolivé la Vierge, ainsi que les lions qui observent, à distance. le groupe sacré ; ajouté des pyramides, dans le fond. et changé la couleur du ciel et du paysage... Dans la *Montée au Calvaire*, j'avais montré le Christ tombé sous la croix. Il le mit debout, avec des gestes de danseur !... Et ainsi de tout !... Ainsi, dans le *Calvaire abandonné*, une lumière terrible, aveuglante disperse les ténèbres et chasse les oiseaux de nuit... L'abbé supprima la lumière, et rétablit les ténèbres... Et si vous aviez vu l'abominable chose qu'était cette peinture !... Evidemment, Benvenuto Cellini eût étranglé, poignardé, torturé cet homme !... Hélas ! nous ne sommes plus au temps de Benvenuto !...

Et si j'avais accompli cet acte de justice nécessaire, des gendarmes fussent venus... Et cela eût singulièrement compliqué mon cas !... Que pouvais-je faire ?... Que puis-je faire ?... Rien !... Il paraît qu'il n'y a pas de lois contre de telles abominations !...

Alors, je demandai à M. Henry de Groux.

— Et lui, l'abbé ? Que disait-il, lorsque vous considériez ce désastre ?

— Il disait : « Maintenant, ça va bien... Et la « peinture ne fait plus de tort à mes belles sta- « tues !.. C'est très joli... très joli !... Ça va bien !... « Tout va bien !... »

Bernard !... Cuir !... André Hélie !... Et le monde va tout de même son train...

(Le Journal, 16 mars 1902.)

SCULPTEUR MALGRE LUI

Un artiste sculpteur, du nom de Ubésio, avait exposé, à l'un des derniers Salons, un panneau de bois sculpté, représentant je ne sais quoi, une *Cène* probablement. Car que voulez-vous que représente le panneau d'un sculpteur italien ? Ce panneau avait même obtenu une récompense, ce qui serait pour confirmer mon hypothèse. Quant à M. Ubésio, je manque, sur sa personne, de renseignements biographiques. Mais j'aime à croire qu'il est, sinon décoré, du moins palmé, car il faut être, aujourd'hui, un bien grand artiste pour n'être pas décoré de quelque chose. Et si M. Ubésio ne l'était pas, soyez sûrs que ça se saurait... Ce n'est pas le tout que d'être honorifié par ses pairs ou par l'Etat, il faut vivre, et, pour vivre, il faut vendre. Et rien n'est plus difficile à vendre, en ces temps prosaïques, qu'un panneau de bois sculpté. Or, M. Ubésio ne parvenait pas à vendre le sien... Que ne fait-il des

bustes à la grosse, comme son confrère Denys
Puech, qui ne tombe pas dans ces panneaux-là...
Un de ses amis, courtier en objets d'art, commis
voyageur en chefs-d'œuvre de toute sorte et qui,
de ce fait, connaît des amateurs — des amateurs !
— proposa à l'artiste de s'occuper du placement de
ce panneau, et demanda de le lui confier... Ce à
quoi M. Ubésio consentit de la meilleure grâce du
monde.

— Qu'est-ce que je risque ? se dit-il.

Imprudente réflexion, hélas !...

Quelque temps après, ce courtier, qui s'appelle
Vinnera, si je me souviens bien, vint annoncer à
son ami que le panneau était vendu à un grand
médecin de Paris ; en foi de quoi il versa une somme
convenable, qui parut satisfaire le sculpteur...
Tout était donc pour le mieux et M. Ubésio, plus
confiant dans l'avenir des panneaux sculptés, se
remit à en sculpter d'autres. L'espérance est ineffa-
çable au cœur de l'homme.

Des mois passèrent et des mois. Un jour, subitement, M. Ubésio désira voir en place, dans la
maison de l'amateur éclairé, son panneau... Curiosité bien naturelle, n'est-ce pas ?... Et, comme il
est rare que, dans les décorations riches, les panneaux se réduisent à l'unité, espoir, peut-être, d'une
commande nouvelle !... qui oserait blâmer M. Ubésio ?... J'en appelle à tous les artistes...

Le pauvre sculpteur obtint facilement le permis
de visiter... En chemin, il se promit de la joie et

un peu d'orgueil. Il lui semblait qu'il marchait vers
la gloire. Mais quelle ne fut pas sa surprise!... Et
quelle ne fut pas sa colère aussi ! Il reconnaissait
son panneau... Oui... oui... il n'y avait pas à
douter... c'était bien là son panneau... il ne man-
quait rien aux figures... rien n'avait été changé
des motifs ornementaux... Et pourtant, ce panneau
n'était plus son panneau... Il n'était plus signé
de son nom. A la place de son nom, s'épanouissait, en grosses lettres taillées dans le bois dur, le
nom du courtier en objets d'art, du commis voyageur en chefs-d'œuvre, le nom de Vinnera !...

— Ça, par exemple !... gémit-il...

Et sa figure exprima un prodigieux ahurissement.

Le docteur mettant cet ahurissement de l'artiste
au compte de l'admiration :

— Hein !... s'écria-t-il... ça vous renverse ?...
Quel chef-d'œuvre, mon cher monsieur... Quel
admirable et unique chef-d'œuvre !...

M. Ubésio balbutia :

— Certainement, c'est un chef-d'œuvre... Mais
il est signé Vinnera.

— Sans doute !... Parbleu ! je crois bien qu'il
est signé Vinnera !... De qui donc voudriez-vous
qu'il fût signé ?... De vous, peut-être ?

Et le docteur eut un gros rire... Il reprit, plus
enthousiaste encore :

— Un grand artiste, ce Vinnera !... Un immense
artiste !... Ah ! il ira loin, ce bougre-là !... En

voilà un dont l'avenir ne m'inquiète pas !... Ah !
sacré màtin !... J'en fais mon affaire, d'ailleurs !...
Je dis à tout le monde, à mes amis, à mes clients :
« Retenez bien ce nom de Vinnera !... Vinnera, c'est
le grand maître de demain... Michel-Ange... Phidias !... » N'est-ce pas votre opinion ?

Alors, n'y pouvant tenir plus longtemps, M. Ubésio rugit en faisant de grands gestes de protestation :

— Mon opinion ?... C'est que Vinnera est un
imposteur !... et que ce panneau, unique... merveilleux... c'est moi qui l'ai fait ! La voilà, mon
opinion.

— Qu'est-ce que vous dites ?...

— Je dis que c'est moi... moi... moi !... Je dis
que c'est une infamie... une abomination... et
que cela ne se passera pas comme ça !

Le docteur regarda M. Ubésio de l'air attentif,
profond, physiologique, et, en même temps, com-
patissant, avec lequel il regardait ses malades...
Et d'une voix très douce, tâchant de le calmer par
des gestes onctueux et caressants de théra-
peute...

— Un peu de bromure... conseilla t-il... des
douches... Pas de fatigue, surtout... et de la sura-
limentation !... Ce ne sera rien... je vous promets
que ce ne sera rien !... Allons, au revoir !...

— Mais, c'est abominable !...

— Et si cela persistait, ajouta le docteur, en
reconduisant l'infortuné statuaire jusqu'à la porte...

le déplacement !... Il n'y a que ça pour la neurasthénie... Essayez d'un séjour de trois mois dans
la montagne... Mais je ne pense pas que vous en veniez là... Je crois, vraiment, que ce ne sera rien !...

Rendons, tout de suite, à ce docteur éminent, la
justice qui lui est due... Devant l'évidence d'un
tel trouble mental, il eût pu envoyer M. Ubésio
dans une maison de fous ; il se contenta de le renvoyer chez lui, avec des paroles consolatrices, et
une ordonnance... Admirons, en passant, ce rare
exemple de tolérance et de sagesse !...

Vous pensez si le malheureux statuaire rentra
chez lui, avec la rage au cœur. Ainsi, il était
dépossédé de son œuvre par un étrange abus de
confiance... Ce panneau, que seul il avait conçu
et réalisé, ce panneau, à propos de quoi il venait
d'entendre les plus hyperboliques éloges, ce panneau qui, d'un coup, le plaçait dans l'histoire de
l'art, entre Phidias et Michel-Ange, un autre que
lui récoltait l'immense gloire de l'avoir fait !... Et
quel autre ! Ce Vinnera... un simple courtier !...
Son génie — car le docteur avait parlé de génie —
son génie, à lui Ubésio, n'avait servi qu'à ceci :
rendre illustre cet infâme Vinnera qui, de sa vie,
n'avait tenu un ciseau et manié un bloc !... Pourtant, le soir, il se calma. Il se dit qu'après tout, en
France, il y avait une justice... Et il s'endormit,
confiant, rassuré... Et toute la nuit, il eut la vision
de cette triple face de Justice, la face de trois personnages vengeurs, qui lui rapportaient son panneau

et sa gloire, sur les plateaux de leur balance !...

Or, voici ce qui arriva. Et ce serait un merveilleux sujet de panneau en bois sculpté, pour M. Ubésio.

Le lendemain, M. Ubésio mit huissiers, avoués, en campagne, et il s'engagea, afin de faire reconnaître son droit à avoir sculpté le panneau dans une procédure active et violente. L'affaire vint, la semaine dernière, devant le tribunal. Moment auguste : après tant de tribulations et d'avanies de toute sorte, M. Ubésio allait être enfin proclamé le Michel-Ange, le Phidias... et rentrer dans la possession de sa gloire, de cette retentissante gloire, si odieusement volée par un autre !... Eh bien ! le tribunal envoya promener à tous les diables M. Ubésio. Il émit un jugement par lequel, tout en reconnaissant que le panneau était bien l'œuvre exclusive de M. Ubésio, il maintenait *mordicus*, sur ce même panneau, la signature de M. Vinnera, lequel avouait qu'il n'était pour rien dans cet ouvrage... Et il condamna l'infortuné Ubésio à tous les dépens.

Désormais, la qualité de sculpteur de M. Vinnera n'est plus niable. Non seulement elle n'est plus niable, mais elle est établie de la façon la plus solennelle et la plus éclatante. Elle a force de loi. Et quiconque — M. Vinnera lui-même — voudrait la contester, serait sévèrement puni...

Je suppose que, dans quelque temps, M. Vinnera soit appelé, pour n'importe quelle affaire, devant le tribunal.

— Votre profession ? lui demandera le président.

— Courtier en objets d'art !... répondra M. Vinnera.

Alors, le président, sévère, le sourcil dur, le front plissé sous la toque :

— N'abusez pas le tribunal, s'écriera-t-il... Vous êtes sculpteur... vous êtes même sculpteur de génie... et vous l'êtes par jugement en date du 14 mars 1902.. Allez vous asseoir !...

J'ai dit que ce serait là un admirable sujet de panneau en bois sculpté, pour M. Ubésio... Mais aussi, quel sujet de pièce... en un acte et en prose — en prose de Leconte de Lisle — pour M. Courteline !...

Ah ! si ce brave A.-F. Cuir, au lieu de se donner un mal de chien pour publier, sous le nom de Balzac, toute la *Comédie Humaine*, corrigée selon son âme d'inspecteur primaire à Lille et de membre du Conseil supérieur de l'instruction publique, la publiait sous son nom, sans y rien changer !...

Que risquerait-il, ce Cuir ?

Voyons, mon vieux Cuir, un bon mouvement !... Et puisque c'est ça la justice !...

(Le Journal, 30 mars 1902.)

LA MARMAILLE

Qui a-t-on envoyé, pour honorer l'art français, et pour le représenter à cette fameuse exposition de Berlin, dont on a tant parlé et qui, comme par enchantement, se trouve être encore, toujours, une exposition des œuvres du xviiie siècle ?

On a envoyé M. Bonnat, M. Cormon, M. Gabriel Ferrier, M. Antonin Mercié, membres de l'Institut, sous la conduite de M. Henri Roujon, secrétaire perpétuel de l'Académie des Beaux-Arts.

Et qu'ont-ils dit ?

M. Bonnat a dit :

— C'est un charmeur.

M. Cormon :

— C'est un charmeur.

M. Gabriel Ferrier :

— C'est un charmeur.

M. Antonin Mercié :

— C'est un charmeur.

Quant à M. Henry Roujon, écrivain original,

plus imaginatif que les peintres, et qui sait l'art
des variantes académiques, il a dit :

— Il est charmant !

C'est de l'empereur d'Allemagne qu'ils parlaient,
naturellement, et non de Watteau, qu'ils étaient
venus glorifier.

*　*　*

Il n'en reste pas moins entendu qu'en 1910, en
pleine République radicale-socialiste, il n'est d'art
valable que l'art officiel, de peintres et sculpteurs
représentatifs que les peintres et sculpteurs de
l'Institut. Et les autres — je veux dire les Rodin,
les Monet, les Renoir, tous ceux qui maintiennent
par des chefs-d'œuvre la supériorité de notre art
français, ne comptent toujours pour rien, pour
moins que rien.

Ce n'est pas que je regrette qu'on ne les ait pas
envoyés à Berlin, aux lieu et place de MM. Bonnat,
Gabriel Ferrier, Cormon, Antonin Mercié. Je ne
les vois pas bien faisant leur cour et leurs cour-
bettes devant l'empereur, avec les ronds de jambe
obligatoires, les révérences éperdues, enfin avec
la mine un peu humiliée qu'il fallait.

Les gouvernements ont beau se succéder, les
idées — du moins, on se l'imagine — ont beau
s'orienter vers un autre idéal, rien ne bouge de
cette conception que nous nous sommes faite
immuable d'un art officiel immuable, et des pri-

vilèges, des honneurs qui y demeurent attachés, immuablement.

Et pourquoi changerait-elle, cette conception ? Elle rallie encore la majorité des Français et la presque totalité des artistes. La majorité des Français et la presque totalité des artistes en sont toujours à s'exalter devant ces images qui ornent les chambres d'hôtels et les salons de dentistes, en province : *François I*er *embrassant Léonard mourant, Louis XIV invitant Molière à déjeuner*. Et elles trouvent que M. Briand tarde bien à ramasser le pinceau de M. Bonnat.

Allons, qu'on leur donne un roi, un empereur, qu'on brode au dos de leur habit vert une belle clef de chambellan, et n'y pensons plus.

***

N'y pensons plus, mais parlons-en.

J'admets que l'Etat se réserve l'enseignement de l'art militaire, le meurtre étant, dans presque tous les Etats, rigoureusement interdit, sauf aux militaires et marins, dans l'exercice de leurs fonctions ; aux magistrats, dans certains cas exceptionnels ; aux duellistes et aux amants passionnés. On peut faire valoir aussi d'excellents arguments, en faveur d'un enseignement officiel de la médecine, qui est un art très dangereux. Je m'explique également fort bien que l'Etat se réserve l'enseignement du Droit, plus exactement, du

Droit des plus forts, du Droit des plus riches. Et quand même, en vertu de raisons très mauvaises, de raisons d'Etat, on reconnaîtrait à l'Etat le pouvoir de tout enseigner, ne devrait-on pas faire une exception pour la sculpture, la peinture, la déclamation et la danse, qui sont des arts de sensation, strictement individuels, et, de ce fait, échappent à tout enseignement ?

Eh bien ! non. Il est entendu, il est accepté presque unanimement que l'Etat doit avoir la haute main sur la fabrication des beaux-arts, comme il l'a sur celle du tabac infumable et des allumettes qui ne prennent jamais.

A vrai dire, son rôle dans l'enseignement des beaux-arts est simple, d'autant plus simple qu'il est invariable. Il se contente de faire prononcer chaque année, par le ministre ou le sous-secrétaire d'Etat, pour le moins deux discours dans chacune des deux Chambres, afin d'annoncer aux contribuables que tout va bien dans les beaux-arts et que nos théâtres subventionnés sont toujours les plus admirables théâtres du monde. Puis, il fait prononcer un nombre incalculable d'autres discours par des attachés de cabinet, des inspecteurs et des commissaires, qu'il délègue officiellement aux expositions bien sages, aux Salons correctement constitués, aux inaugurations de monuments bien pensants, aux obsèques des personnages notoires. Après quoi, tous ces discours finis, il s'en remet à l'Académie du soin de régen-

ter les beaux-arts, de les enseigner, de les récompenser : privilège qui consiste uniquement pour
ladite Académie et pour sa clientèle bien soumise,
à accaparer les honneurs, décorations, présidences
de commissions et commandes qui en résultent.

*
* *

L'art officiel — comment ne pas rire en écrivant
ces choses-là ? — s'enseigne à l'Ecole des Beaux-
Arts, tel qu'il s'enseignait au temps de son organisation qui, si je me souviens bien, date de 1646.
Il s'enseigne aussi dans les Ecoles régionales qui,
sévissant en province, doivent borner leur ambition — je n'ai jamais su pourquoi— à l'art qu'on
appelle décoratif. Il s'enseigne à l'Académie de
France, à Rome, dont l'institution remonte à Col-
bert, et qui est spécialement réservée à la crème
des bons élèves. C'est notre plus précieuse usine
d'art, celle où l'on apprend le fin du fin, le noble
du noble. Entre temps, ces heureux gaillards, ins-
tallés dans un beau palais qui s'élève au milieu
d'un beau parc, copient du Raphaël, copient du
Michel-Ange, copient et surcopient du Véronèse,
se livrent à toutes les blagues d'atelier depuis longtemps périmées et dont les Goncourt nous ont
donné la triste nomenclature dans leur *Manette
Salomon*. Sous prétexte, sans doute, que la vie
« artiste » et la vie régulière s'excluent, on admet
leurs maîtresses, à la villa Médicis, mais on en

chasse impitoyablement leurs épouses. Et M. Carolus Duran, qui dirige ces jeunes destinées, leur
joue de la mandoline.

D'ailleurs, voici comment tout cela s'organise
et fonctionne.

Un vaste filet est tendu qui va des écoles com-
munales aux écoles régionales, des écoles régionales à l'École Nationale du quai Malaquais, d'où,
par une majestueuse et molle courbe, il franchit
la frontière et vient s'accrocher à Rome aux toits
de la villa Médicis.

— De la sorte, pense l'État, en se frottant les
mains, aucun talent, aucune promesse d'avenir ne
peut m'échapper... C'est la pêche miraculeuse du
génie.

Le malheur est que le filet est bien vieux. La
corde en est usée. Il a partout des déchirures et
des trous. On a beau le ravauder avec des médailles,
en rafistoler les mailles rompues avec des commandes, les Delacroix, les Daumier, les Corot, les
Courbet, les Manet, les Monet, les Cézanne, les
Renoir et les Pissarro, passent au travers. Et il
arrive ceci : Dans une vente récente, trois pêches
et un compotier, de Paul Cézanne, s'adjugent dix-
neuf mille francs, tandis qu'un grand tableau de
M. Dagnan-Bouveret, membre de l'Institut, atteint
péniblement le prix de douze cents francs. Des
Renoir, des Monet, des Van Gogh, se payent quarante mille francs, et un Carolus Duran, devant
quoi, au Salon, s'arrêtèrent des foules extasiées,

tombe à trois cents francs, et encore parce qu'il avait un cadre qui en valait bien six cents.

Alors, la vieille araignée séculaire, embusquée au centre de sa toile, s'inquiète mais elle se raccroche, avec plus d'âpreté encore, à cet art officiel qui est le seul qui puisse le faire vivre, car l'Etat a des murs à barbouiller, des « binettes nationales » à immortaliser, des musées de province à remplir, des cadeaux à faire à des rois nègres.

**
*

Mais, qu'enseigne-t-on dans toutes ces écoles dont je viens de parler ?

On enseigne à concourir. Et c'est tout.

Et ce qui fera durables ces plaisanteries, ces sottises, ces misères, c'est le goût inné du Français pour les concours, pour les récompenses, pour les punitions. Il n'est heureux qu'à l'école, arborant le bonnet d'âne de l'élève ou brandissant la férule du professeur. La France se divise en deux immenses groupes ; le groupe des élèves et le groupe des professeurs. Et s'il arrive que les élèves deviennent, à leur tour, professeurs — pour leur seul plaisir — redeviennent des élèves.

Regardez autour de vous. Quand un médecin a passé son enfance, sa jeunesse, une partie de son âge mûr, sur les bancs du lycée, de l'Ecole de médecine, aux cours de l'amphithéâtre, aux leçons

de l'hôpital, à préparer et à subir examens sur
examens, concours sur concours, il se remet à
passer des examens et à concourir de nouveau, pour
l'internat, l'externat, la clinique, le laboratoire,
pour toutes sortes de choses, ou pour rien du
tout. On croit que c'est fini et qu'il va pouvoir
jouir en paix du résultat de tous ces examens et
de tous ces concours. Nullement. Le voilà qui
repasse des examens, concourt et surconcourt,
pour obtenir des prix de l'Académie de Médecine,
pour obtenir le titre de médecin des hôpitaux, le
titre de professeur à la Faculté... Nous rencon-
trons des hommes de cinquante ans et plus, des
hommes chauves, mariés, et même grands-pères,
qui se font *recaler* à des examens comme des
marmots. Les malades, eux-mêmes, sont fiers de
passer des examens très compliqués, de prendre
part à des concours de malades, pour savoir s'ils
ont droit à un lit d'hôpital ou a une gamelle de
soldat.

Ailleurs, ce sont de hardis capitaines, de bril-
lants chefs d'escadron, de braves colonels à mous-
taches grises, qui passent examens et concours,
pour entrer à l'Ecole de guerre, dans toute sorte de
commissions, et que l'on met aux arrêts, au pain
sec, que l'on prive de sorties et de dessert comme
de petits garçons qui n'ont pas été sages.

Et, dans les Académies, où s'achève la vie de
ces incorrigibles écoliers, et de ces incorrigibles
professeurs, ne voyez-vous pas, avec les con-

cours, encore, la dernièreforme, la forme sénile,
gangréneuse, de cette incurable maladie séculaire ?

De la marmaille, je vous dis.

(*Le Petit Journal*, 30 mars 1910.)

PLUS QUE MORTS !

Quand je suis triste, rien ne me déride comme
de penser à l'art officiel, à ses pompes, à ses
œuvres. C'est un des sujets les plus merveilleusement comiques qu'il y ait dans le monde. Et il
est inépuisable.

Chaque jour amène son éclat de rire, son scandale. Celui que suscita le règlement de l'Exposition
de Rome est vraiment délicieux. Par l'organe de
ses plus notoires représentants, l'art officiel ne
pouvait, d'une façon plus claire et plus mala-
droite, montrer son affolement, devant les progrès
toujours croissants — comment dirais-je ? mon
Dieu, de l'art tout court.

A toutes les époques, il y eut des Cormon, des
Dawant... On n'y peut rien... Qu'en est-il resté?...
Pas même les noms...

Et les Rembrandt, niés, étouffés, persécutés par

eux, ont fait, à travers les siècles, l'enchantement des humains.

Et tout près de nous !...

Tenez, réfléchissons ensemble à ces destinées lamentables.

Vous connaissez ce petit jeu de société qui, dans les salons de province, où l'on ne joue pas au bridge, consiste à énumérer sans défaillance, d'un coup, les noms des quarante membres de l'Académie française? Il n'est pas arrivé encore que quelqu'un y ait réussi.

Combien pire, quand il s'agit d'adapter à l'Académie des Beaux-Arts, ce divertissement déjà ancien et, avouons-le, un peu morne ! À peine si les mieux impressionnés parviennent à tirer deux ou trois vagues bonshommes de l'obscurité profonde où ils demeurent ensevelis. Leurs prédécesseurs immédiats, dont ils ont endossé l'habit brodé de palmes vertes, coiffé le chapeau à plumes, ceint l'épée à poignée de nacre, il semble qu'ils appartiennent déjà à la préhistoire. On n'en parle plus, même à l'Académie. Seuls, les amateurs de curiosités paléontologiques, quelques acharnés chartistes, quelques débrouilleurs d'épigraphies difficiles, s'en souviennent... Au prix de quel dur travail !

Ecoutons-les.

De M. Meissonier, on sait seulement qu'il était tout petit, qu'il avait une grande barbe et des bottes. C'est ainsi, du moins, que, sur une place

de Poissy, le représente, en bronze mal patiné,
un sculpteur inconnu... Mais, pourquoi des
bottes ?... Est-ce pour l'aider à traverser le fleuve
de sa barbe ?... Beaucoup le confondent déjà
avec M Meissonier du xviii° siècle, celui qui
ciselait de fort belles soupières d'argent, que col-
lectionna M. Chauchard pour y tremper la soupe
future de M. Georges Leygues... Ainsi se défor-
ment la plupart des événements parisiens et se
fixe l'impartiale histoire.

Cependant des érudits savent et ils racontent
que M. Meissonier peignait des tableaux qu'il lui
fallait regarder au microscope, pour reconnaître
que c'étaient des tableaux, non des microbes. Ils
nous apprennent, en plus, que cet homme minus-
cule, scrupuleux et botté, répandait de la farine,
dans son jardin. quand il avait à peindre un effet
de neige, d'après nature... Peut-être employait-il
la neige à pétrir son pain...

Et Bouguereau ?... Ah ! William Bouguereau !

William Bouguereau acquit une sorte de noto-
riété bizarre, peu enviable, à ceci que son nom,
d'une phonétique d'ailleurs très dure, on le citait,
dans les journaux du temps, sans bienveillance...
Il est resté, comme tête de Turc.

Mais les choses se brouillent tellement, à distance, qu'on ne sait plus bien ce qu'il fut.. Fut-il
liquidateur judiciaire, banquier, failli, notaire
infidèle ? On ne peut plus le dire avec certitude...
Toutefois, à recueillir les épithètes injurieuses don'

on le disqualifia, tout nous porte à croire qu'il fut un criminel très endurci... un homme très méchant !... Un satyre, sans doute ! — et des plus dégoûtants, des plus scandaleux, car il est raconté qu'il viola beaucoup de nymphes, beaucoup de saintes, à qui, — par une manie assez rare, même chez les satyres — il imposait les plus surprenants tatouages.

Henner doit à son accent alsacien, aux coiffes alsaciennes de ses femmes de ménage, bien plus qu'à ses petites nymphes, blafardes, couchées sur du caca, et à leurs longues chevelures saurées, d'avoir survécu un instant à sa disparition.

C'était, d'ailleurs, un brave homme.

A propos de lui, Gambetta prononça cette phrase célèbre :

— Pensons-y toujours, n'en parlons jamais.

Hélas ! Nous n'y pensons plus...

De ces hommes, dont on nous assure qu'ils furent très glorieux, il n'y a pas encore un demi-siècle, voilà donc tout ce qui reste... Que dire alors de Couder, Delaunay, Cogniet, Muller, Lenepveu, Signol, Benjamin Constant et Jules Breton ?... Immortels hier, demain ils seront plus que morts... Pourtant, d'aucuns, comme M. Benjamin Constant, écrivaient des pensées et — ô ironie ! — des souvenirs... D'autres, comme M. Jules Breton, faisaient des vers.

A moi, il m'a fallu huit jours de recherches acharnées, pour retrouver ces noms, hélas ! si anonymes, aujourd'hui, et trois secrétaires !

Pour quatorze peintres. l'Académie des Beaux-Arts ne compte que huit sculpteurs. Mais, au rebours de ce qui se passe à l'Académie française, où quarante écrivains continuent d'avoir de l'esprit comme quatre, ces huit sculpteurs de l'Académie des Beaux Arts sculptent comme s'ils étaient au moins cent quarante. Ils sculptent mal, d'ailleurs. Paris, ses rues, ses places, ses squares, ses beaux jardins, ses monuments en savent, hélas ! quelque chose. Et notre province ne l'ignore pas, non plus... Il va de soi qu'Auguste Rodin, la plus haute gloire de ce temps, n'en est pas, de ces huit sculpteurs... Ah ! Dieu merci !... il n'en est pas!...

Nous devons à cet animalier de Frémiel, grand officier de la Légion d'honneur, outre beaucoup d'animaux, généralement en or, une Jeanne d'Arc, en or, également, qui, place des Pyramides, caracole sur un fort gros cheval d'omnibus... Pauvre Jeanne d'Arc, elle n'eut jamais de chance !... C'est bien la peine qu'elle ait été la plus sublime, la plus miraculeuse créature de l'humanité, pour avoir à subir encore tous les outrages des Cauchons de l'art !

M. de Saint-Marceau n'est qu'officier de la Légion d'honneur, mais, ne vous attristez pas, il sculpte, comme s'il était, au moins, grand'croix. C'est un statuaire psychologue. Il a beaucoup travaillé dans le Dumas fils. Nous lui devons aussi la résurrection en pierre, ou en marbre, de beaucoup d'artistes célèbres et d'écrivains renommés. Entre autres, un Alphonse Daudet, aux Champs-Elysées et au parc Monceau, un Gounod, dont les Champs-Elysées et le parc Monceau ne sont pas encore revenus... Sous des arbres chétifs, au bord d'une petite rivière artificielle, dont l'administration a improvisé le cours en son honneur, Gounod, vêtu d'un peignoir de bain, est assis au haut d'une roche que tapissent des plantes saxatiles. Il est tellement navré, tellement désespéré de l'infortune qui lui échut, que la Muse qui le garde, jour et nuit, a toutes les peines du monde de l'empêcher de se jeter dans la rivière... Drame poignant auquel n'avait point pensé M. de Saint-Marceau et qui, croyez-moi, finira très mal.

M. Barrias, lui, n'a pas voulu mourir sans nous révéler — grâce à ce bloc informe et hirsute qu'il dressa au milieu de la place Victor Hugo — que de bien vilaines femmes fréquentèrent, chez le grand poète, à qui l'on croyait plus de délicatesse et de goût !

J'imagine que Victor Hugo, oubliant son propre malheur, chercherait vainement, dans *les Châtiments*, un vers assez cinglant pour stigmatiser M. Antonin Mercié, grand officier de la Légion d'honneur, d'avoir osé faire de Musset et de sa Muse, une si fâcheuse scène de famille, une si inconvenante horreur !

Laissons la poussière de l'oubli s'accumuler sur les noms et sur les œuvres des autres sculpteurs, des huit architectes, des quatre graveurs, des six musiciens, des critiques d'art qui complètent, avec un ensemble harmonieux, cette belle Académie. Et répétons, que ni César Franck, ni Berlioz, ni Bizet, ni Rude, ni Delacroix, ni Corot, ni Courbet, ni Manet ne furent de cet Institut dont furent MM. Signol et Benjamin Constant.

Et c'est peut-être parce qu'il y a une Académie des Beaux-Arts et, dans cette Académie, une classe de peinture, que Monet et Renoir, enchantement et gloire de la peinture de tous les temps, n'en sont pas !

*
* *

Ce n'est pas que l'Etat, qui est avare, abandonne à l'art officiel une bien grosse part de son budget... Sur un total de plus de quatre milliards, il trouve, en tout et pour tout, à n'attribuer que dix-sept millions au service général des Beaux-Arts. Si on en défalque le prix de l'entretien des édifices cultuels, la réparation des monuments historiques, des bâtiments civils et des palais nationaux, l'administration de manufactures telles que Sèvres et les Gobelins, il ne reste guère que sept millions pour l'enseignement des beaux-arts, pour leur encouragement par des achats et des allocations aux artistes et pour l'accroissement de nos musées. C'est peu. Mais l'Institut ne considère pas que l'argent en tout ceci. Il s'agit par une forte organisation de maintenir la noblesse de l'art

officiel, de sauvegarder, autant que possible, l'an
tiquité de ses origines et les rouages de sa consti-
tution.

D'ailleurs, l'Académie est riche. Elle dispose
d'une fortune assez ronde, provenant de donations
et de legs, et dont elle distribue en secours bien
placés et en prix qui ne s'égarent jamais que sur
des méritants, les arrérages et les revenus.

Tels sont :

Le Prix Deschaumes-Destié, donné « à de jeunes
architectes se distinguant *par leur aptitude pour
leur art, et leurs bons sentiments à l'égard de leur
famille* ».

Le Prix Troyon, qui ne peut être attribué
« *qu'à un paysage représentant un labour, effectué
par des vaches* ».

La Fondation Cambacérès, dont le montant doit
être partagé « *entre le premier second grand prix
de sculpture et le premier troisième grand prix de
gravure, soit en médailles, soit en taille-douce* ».

Le délicieux Prix Piot, destiné à récompenser,
*alternativement, une production de peinture et de
sculpture, représentant,* au moins, *un enfant de dix
à quinze mois.*

Malgré le comique intense qui se dégage de
l'âme envolée de ces bienfaiteurs, arrêtons-nous
sur ce chef-d'œuvre.

(Le Petit Journal, 10 mars 1910.)

TROIS PRÉFACES

I

Les œuvres de Rodin a l'Exposition de 1900

Je ne veux pas médire de l'Exposition Universelle de 1900 et des hideurs architecturales qu'elle a fait surgir tout à coup comme une épouvantable maladie du vieux sol parisien ; je n'en veux pas médire parce qu'elle aura été aussi le prétexte d'une manifestation d'art comme il ne s'en était pas produit de si grandiose en ce siècle. Je parle de l'exposition des œuvres de M. Auguste Rodin.

Parmi les incohérences sans énormité, les folies sans verve, les décadences sans joie dont nous avons sous les yeux les attristants décors, dans ce vertige du laid où tous les peuples semblent être entraînés de plus en plus avec une émulation de plus en plus mauvaise, elle vient à point proclamer, devant l'univers, cette vérité que le génie humain n'est pas mort, et que, jamais, dans aucun pays et dans aucun temps, il n'est apparu, avec plus de puissance, avec plus d'abondance créatrice. N'y eût-il pour illuminer nos yeux, pour réconforter notre esprit, que ce petit palais du Cours-la-Reine, si simple, et si sobre, qui résume l'histoire d'une œuvre énorme et l'énorme effort d'un homme vers la conquête du beau éternel, nous devrons garder pieusement le souvenir de cette Exposition, comme une date glorieuse, et, peut-être unique dans les *Annales de l'art français*, tant il est vrai que la force, enfin victorieuse, d'un seul, rayonne au-dessus de la sottise de la foule, et qu'elle la domine.

Il est douloureux de lire ce qu'écrivent, parfois, de M. Auguste Rodin et de son art, des gens qui prétendent le sentir le mieux, et le mieux admirer. A les en croire, M. Auguste Rodin serait tout, thaumaturge, poète satanique, philosophe mystique, mage, apôtre, astrologue, tout, sauf l'étonnant et parfait statuaire qu'il est. On le loue pour toute sorte de vertus étranges qu'il se garderait bien d'avoir, afin de négliger celles qui ont fait l'artiste immense que nous vénérons. Dans ces affirmations puérilement arbitraires, il y a, au fond, le mépris et l'incompréhension d'un art, jugé inférieur, et la volonté orgueilleuse du littérateur de ramener toute beauté à la seule impression littéraire. Or jamais, aucun artiste ne s'est aussi prudemment éloigné de la littérature que M. Auguste Rodin ; et la beauté qu'il a créée, qu'il a exprimée, il l'a exprimée et créée par la forme uniquement.

M . Auguste Rodin, qui est un des organismes
cérébraux les plus souples et les plus vibrants que
je connaisse, curieux de tout ce qui vit et de tout
ce qui pense, homme de méditation et d'observation profonde, est, avant tout, un sculpteur, et,
disons-le hardiment, un sculpteur païen. J'entends
qu'il n'a qu'un culte, parce qu'il n'a qu'un amour :
l'amour et le culte de la nature. La nature est la
source unique de ses inspirations, le modèle sans
cesse consulté par où il cherche et atteint la perfection dans un art, difficile entre tous, auguste
entre tous. Voir la nature, connaître la nature,
pénétrer dans les profondeurs de la nature, comprendre l'harmonie immense et simple qui en-
serre dans un même langage de formes, le corps
humain et les nuages du ciel, l'arbre et la montagne, le caillou et la fleur, cela est donné à très
peu d'esprits. C'est pour cela que M. Auguste
Rodin est si grand, si multiple, si nouveau. C'est
pour cela qu'il nous étonne parfois, et qu'il nous
émeut d'une émotion si intense et si particulière.
Il semble, en effet, que la nature — sans doute parce
qu'il l'a mieux aimée et mieux comprise que tout
autre — se soit complu à en faire le dépositaire
de ses secrets jusqu'ici les mieux gardés.

Depuis l'Age d'Airain, jusqu'à Balzac, il est
facile de suivre, dans les œuvres de M. Auguste
Rodin, cette influence de jour en jour plus exclusive de la nature, et cet amour de la vie,
qui leur donnent une expression de plus en

plus différente. En même temps que la pensée s'élargit, jusqu'à briser les moules anciens, et les vieilles formules d'école, la forme devient plus logique, plus sévère, la construction et la distribution des plans plus impeccables, plus riches, la ligne plus ample, et plus souple, l'enveloppe plus fondue. Pour exprimer la passion, la douleur, la pensée même, il n'a plus besoin de recourir à l'allégorie, cette tare des sculpteurs pauvres d'idées et de métier ; il n'a besoin que de la forme. Et par la forme seule, il atteint à l'émotion totale. Au fond, même dans les motifs les plus tourmentés, rien de compliqué. Tout y est clair, et tout y est simple, et tout y est humain, comme une phrase de Sophocle. Voyez, par exemple, les Bourgeois de Calais. Quoi de plus simple, et, en même temps, quoi de plus grand ?

Sur la place publique de la ville vaincue, affamée et sans armes, les six bourgeois ont délibéré. Pour sauver la ville de la ruine et leurs concitoyens de la mort, ils ont fait le sacrifice de leur vie, et ils vont se livrer au roi d'Angleterre. Le monument de M. Rodin, ce n'est pas autre chose, dans un miracle d'exécution, que l'instant précis de cet héroïsme, unanimement accepté par les six bourgeois, mais différemment ressenti, selon la différence des caractères qui agissent en ce drame. Les vieillards, décharnés par les longues privations d'un siège, redressent leurs tailles en attitudes hautaines, presque provocantes, ou bien se

résignent noblement. Les jeunes se retournent
vers la ville, laissant derrière eux, dans un suprême regard, le regret de cette vie, à peine com-
mencée et dont ils ne connaissent que les joies...
Et le mouvement, les attitudes, les expressions
sont si justes, d'un sentiment humain si vrai,
que, derrière le groupe, prêt à se mettre en
marche, on entend réellement le bourdon-
nement de la foule qui encourage et qui pleure,
les acclamations et les adieux. Nulle autre com-
plication, nul souci scénique du groupement; aucune allégorie, pas un attribut. Il n'y a que
des formes, expressives et belles, si expressives
qu'elles deviennent, véritablement, des états d'âme.
Les bourgeois partent, et le drame vous secoue
de la nuque aux talons.

Ce que j'ai fait pour les Bourgeois de Calais, on
peut le faire pour chaque figure de M. Auguste
Rodin. Et plus récentes sont les œuvres, plus l'intention de l'artiste se précise, et plus s'accuse,
sublimement, sa volonté d'être un sculpteur, et
de ne rien emprunter aux autres arts pour exprimer ce qu'il voit et ce qu'il sent en répudiant
toujours l'émotion vulgaire et facile de l'anecdote,
et les escamotages de la supercherie.

Son génie, ce n'est pas seulement de nous avoir
donné d'immortels chefs-d'œuvre, c'est d'avoir
fait, sculpteur, de la sculpture, c'est-à-dire d'avoir
retrouvé un art admirable et qu'on ne connaissait
plus.

Et ce qu'il y a de poignant dans les figures de
M. Rodin, ce par quoi, en dehors même et peut-
être à cause de leur propre beauté sculpturale,
elles nous touchent si violemment, c'est que nous
nous reconnaissons en elles, et qu'elles sont, comme
le disait Stéphane Mallarmé, « nos douloureux
camarades ».

(1900.)

II

Camille Pissarro

Camille Pissarro a été un des plus grands peintres de ce siècle et de tous les siècles. Il laisse
une œuvre considérable, variée, puissante, charmante, d'un haut caractère classique. Peintures
à l'huile, aquarelles, gouaches, eaux-fortes, litho-
graphies, et des dessins, des dessins, des dessins...
Feuilleter ces cartons bourrés de notes, de projets,
d'études sommaires ou poussées, suivre, au jour
le jour, cette pensée toujours active, toujours en
train de création, rien de plus émouvant, et aussi
rien de plus instructif. Ces dessins, journal de
toute une existence de grand homme, voilà un
monument que le musée du Louvre, s'il avait
conscience de sa mission éducatrice, devrait avoir
le désir de posséder. Il y a, là-dedans, du docu-
ment et de l'exemple pour tout le monde.

Partout, en ces diverses formes d'expression, c'est la vie des champs que Camille Pissarro exprime, sans anecdotes sentimentales ou violentes... Plus qu'aucun autre, il aura été le peintre, vrai, du sol et de notre sol. Ce sont les prairies, les semailles, les moissons, les bords de rivières, les petits villages proches ou lointains, les places grouillantes des marchés, tout ce qui s'entrevoit de distance vibrante et de rêve entre les lignes d'or des peupliers, et l'homme en travail, et la bête au repos, non point l'homme et la bête, encombrant, comme chez François Millet, le paysage et le ciel de leurs dures silhouettes, souvent protestataires, mais l'homme et la bête tels qu'ils vivent dans la nature, résignés en elle, un peu perdus en elle, un peu accablés par son indifférente énormité et restant toujours à leur place, à leur plan, dans l'universelle harmonie. Et sur tout cela qui vit, qui travaille, qui respire... sur le sol brun, vert, rose ou doré, sur la plaine vide ou lourde de récoltes, sur les coteaux en fête du printemps, et la glèbe endormie sous la neige, sur les jardins en fleurs et les vergers en fruits, et sur les villes aussi, qu'il a aimées et dont il a rendu avec un accès de si intense vérité, le tumulte et l'étouffement, sur tout cela, la lumière, la douce, blonde et adorable lumière, la féerie de lumière de ses ciels légers, mouvants, profonds, infinis, respirables !... Telle est cette œuvre, œuvre de joie, d'amour, de vérité et de beauté... une des plus grandes, une des plus saines, une des plus magnifiques qu'il ait été donné à un homme d'entreprendre et de réaliser. Je l'ai connu et je l'ai vénéré. Il fut un travailleur infatigable et pacifique, un chercheur éternel du mieux, un large esprit ouvert à toutes les idées d'affranchissement, un homme d'exquise bonté, et, je puis le dire en dépit des difficultés qui accompagnèrent sa vie, un homme heureux... Il fut heureux, simplement. parce que, durant les soixante-treize années qu'il vécut, il eut une noble et forte passion : le travail. Avec ce sourire calme, qui s'épanouissait dans sa barbe blanche, il me disait :

« Le travail est un merveilleux régulateur de santé morale et physique. Toutes les tristesses, toutes les amertumes, toutes les douleurs, je les oublie, et même je les ignore, dans la joie de travailler... La souffrance n'a de prise que sur les paresseux... »

Dans les dernières années de son existence, ne pouvant plus peindre dehors, à cause de ses yeux un peu malades, il peignait, assis, devant les vitres de sa fenêtre. Alerte et dispos, il peignait du matin au soir, à Paris, les rues, les quais, la Seine brumeuse, à Eragny, cette délicieuse vallée de l'Epte, vert et rose, jaune et bleu, qui lui inspira, peut-être, ses plus parfaits chefs-d'œuvre. Quand il croyait avoir épuisé ses motifs, il changeait de fenêtre, voilà tout, mais non de passion. Comme un jeune homme, il partait pour Rouen, Dieppe, le Havre, à la recherche d'une nouvelle fenêtre, derrière laquelle il se passât quelque chose, de la fumée, de la brume, du soleil, des bateaux, des ports, du mouvement, de la rumeur, et de la lumière... Et lorsque, la nuit venant, il avait, sans fatigue, terminé sa tâche, il ne pensait plus qu'à celle du lendemain. Cet automne, au Havre, je l'ai vu pour la dernière fois, dans sa petite chambre de l'Hôtel Continental. Le soir tomba... Alors, il rangea ses toiles, nettoya sa palette, ses brosses, prépara tout, minutieusement, pour la séance du lendemain.

— Je voudrais être à demain, me dit-il. C'est si beau le matin... là-bas... sur la rade... Enfin vous êtes là... nous allons causer un peu... Cela me fera patienter...

Et, regardant le ciel avec inquiétude :

— Pourvu que le vent ne change pas !... Ah ! ce vent...

Il m'en fait voir de drôles depuis huit jours, cet animal-là... Il ne peut pas tenir en place... Quel agité ! C'est ainsi qu'il conserva, jusqu'au moment suprême, sa gaîté vivace, son étonnante jeunesse, ses enthousiasmes qui nous émerveillaient, et cette sérénité admirable, patriarcale, qui, de son âme si douce et si ardente à la fois, rayonnait sur un des plus absolument beaux visages d'hommes qui aient illustré l'humanité.

C'est un peu de sa vie — de toute cette vie abondante, généreuse et réfléchie — que nous avons réuni en cette exposition... Il manque bien des choses que notre piété eût voulu retrouver parmi cette œuvre énorme et dispersée... Beaucoup de toiles que nous aimons immortellement sont en Amérique ; d'autres occupent les cimaises des plus importants musées d'Europe... En ce moment même, l'Allemagne montre, dans une galerie très fréquentée, à Berlin, quelques morceaux préférés que nous n'avons pas su, gaspilleurs de nos propres chefs-d'œuvre, retenir chez nous. Mais, telle qu'elle est, cette Exposition nous semble caractéristique du maître disparu.

Elle comporte des œuvres anciennes et toutes récentes ; aussi des œuvres prises, autant que cela a été possible, à toutes les dates, à toutes les phases de ce prodigieux labeur. Les séries, dites de Pontoise et d'Eragny, qui se classent aujourd'hui parmi les plus appréciées et qui, déjà, ont l'éternité des chefs-d'œuvre classiques, sont représentées par d'admirables exemplaires ; quatre grandes compositions, d'un sentiment décoratif merveilleux, s'imposent à notre admiration. Notre regret est que nous n'ayons pu rassembler plus encore de ces gouaches incomparables, si à part dans l'œuvre de Pissarro, et uniques vraiment par la fraîcheur, la délicatesse, la fantaisie, le goût de composition, et par la séduction surprenante qui s'en dégage comme un parfum de rêve... En dépit de ses lacunes, cette Exposition fait revivre intensément notre cher Pissarro. Elle dit sa passion fervente, continue, sans défaillance, ses

transformations essentielles, ses progressives conquêtes sur la matière, sa haute pensée de généralisation. Non seulement, elle nous est une précieuse joie esthétique, mais aussi un précieux
renseignement biographique, le résumé trop bref,
hélas !... mais fidèle et très clair de l'histoire
intellectuelle d'un des plus purs artistes par qui
s'est enrichi et par qui s'honore l'art de tous les
pays et de tous les temps.

Je ne viens pas donner ici un catalogue, ni
écrire une biographie, ni aligner des pages de critique. Cela sera fait plus tard, à loisir, pieusement,
comme il convient à une œuvre exceptionnelle
devenue un des plus précieux trésors de l'art
français, car maintenant qu'il est mort, Camille
Pissarro ne sera plus contesté par personne, pas
même par ceux-là qui, de son vivant, l'ont le plus
passionnément attaqué et nié. Je ne veux pas,
non plus, récriminer contre le destin, car ce grand
artiste qui, à l'adversité et à l'injustice, opposa
toujours un visage pacifique, ne me pardonnerait
pas de raviver ces vaines querelles... Je me promène parmi cette Exposition, je regarde ces toiles
et je note les réflexions qu'elles me suggèrent
aujourd'hui.

Camille Pissarro a été un révolutionnaire par les
renouvellements ouvriers dont il a doté la peinture, en même temps qu'il est demeuré un pur
classique, par son goût des hautes généralisations,
son amour de la nature, son respect des traditions

respectables. La beauté est immuable et éternelle, comme la matière dont elle est la forme revivante, en nous, et synthétisée ; seuls changent et progressent, suivant le temps, les modes de l'exprimer. Pissarro a voulu adapter à la technique de son art, les applications correspondantes de la science. Il a donc introduit dans l'art des éléments novateurs qui ont rendu possible la conquête pittoresque de certains phénomènes atmosphériques, jusqu'alors inexprimés.

Le paysage — et la figure n'est-elle pas aussi un paysage ? — tel que l'a conçu et rendu Pissarro, c'est-à-dire l'enveloppement des formes dans la lumière, est d'invention toute moderne. Deviné vaguement par Delacroix, davantage senti par Corot, tenté par Turner, il n'est réellement entré dans l'art à l'état de réalisation complète, qu'avec Claude Monet et Camille Pissarro. Quoi qu'on dise et ergote, c'est d'eux que date cette révolution dans l'art de voir et l'art de peindre.

Nous voyions mal la nature ; cela n'est pas un paradoxe. Nous l'entrevoyions opaque et lourde, à travers les tableaux de musée, c'est-à-dire à travers les couleurs ternies, noircies, saurées, les fuligineuses poussières, les vernis encrassés, toutes ces croûtes adventices, accumulées sur les chefs-d'œuvre vénérables par la vigilance des administrations et l'ironie des siècles. Aussi devant cet art tout neuf, qui nous restituait la nature dans son rêve intégral de lumière, avons-nous

éprouvé des malaises, presque du vertige, comme
l'homme longtemps enfermé dans la nuit d'une
cave, qui se retrouve, tout d'un coup, dans l'espace, au soleil. Puis nos yeux s'habituent, peu à
peu, au choc de cette clarté lustrale, nous nous
sommes étonnés d'être restés si longtemps aveu-
gles à cet enchantement, et de n'avoir pas compris, plutòt, cette domination souveraine des couleurs et des formes par la lumière.

Il ne faut pas nous payer de mots. Nous admirons les œuvres anciennes, mais l'émotion qu'elles
nous procurent n'a plus guère qu'une valeur de
respect chronologique, nos exigences sont deve-
nues autres et plus compliquées. A mesure que se
révèlent les phénomènes de la vie, inconnus des
vieux ancêtres, à mesure que le génie de l'homme
multiplie les progrès techniques, et met aux
mains de l'ouvrier de plus puissants, de plus précis instruments de travail, nous demandons aux
artistes plus que ce que le passé leur a légué.

Et tout près de nous !...

Combien Rousseau, qui fut, en son temps, un
révolutionnaire, nous paraît morne et si lointain
déjà !... Et combien différents de ces épais cré-
pinages où l'aile des oiseaux s'enlise, les ciels de
Pissarro, ces ciels frissonnants, où les ondes
lumineuses vibrent véritablement, où toutes les
voix de l'air se répercutent à l'infini !... Et cette
terre, rose dans la verdure poudroyante, cette terre
qui vit, qui respire, dont on compte les pulsations,

où sous la lumière qui la baigne, sous l'ombre — lumière atténuée dont elle se rafraîchit — se voient, se sentent, s'entendent, les organes de vie, l'ossature formidable, la vascularité qui charrie les sèves bouillantes et les énergies de l'universel amour !...

Oui, je le sais bien... On a dit de Camille Pissarro, comme de Claude Monet, qu'ils ne rendaient que les aspects sommaires de la nature... Le reproche est plaisant qui s'adresse aux hommes, lesquels, précisément, ont poussé le plus loin, la recherche de l'expression, non seulement dans le domaine du visible, mais dans le domaine de l'impalpable, ce que n'avait fait, avant eux, aucun artiste européen. Si l'on compare les raccords de ton d'un peintre aux phrases d'un écrivain, les tableaux aux livres, on peut affirmer que nul n'exprime autant d'idées, avec une plus abondante richesse de vocables, que Camille Pissarro, que nul n'analysa avec plus de détails, le caractère des choses. Et la puissance de son art est telle, l'équilibre en est si harmonieusement combiné, que, de cette minutieuse analyse, de ces innombrables détails, juxtaposés et fondus l'un dans l'autre, il ne reste pour l'étonnement de l'esprit, qu'une synthèse ; c'est-à-dire la forme la plus haute et la plus parfaite de l'œuvre d'art. Car il faut le répéter, le fait particulier, l'accident, l'individu n'occupent, dans les compositions de Camille Pissarro, que la place stricte qu'ils doivent

occuper, dans les ensembles largement embrassés.
L'œil de l'artiste, comme la pensée du penseur,
découvre les grands aspects des choses, les tota-
lités, même quand il peint des figures, des scènes
de la vie agreste, l'homme est toujours en perspective dans la vaste harmonie tellurique. Pour
nous décrire le drame de la terre, et pour nous
émouvoir, Pissarro n'a pas besoin d'employer les
gestes violents, les arabesques compliquées, les
embranchements sinistres sur des ciels d'orage...
Un coteau, sous une silhouette, sous un ciel, avec
un nuage qui vagabonde, et cela suffit... Un ver-
ger, avec ses pommiers alignés, et sa maison de
brique, dans le fond, et des femmes courbées qui
ramassent, sous les pommiers, les pommes qui tom-
bent... Et la vie s'évoque aussitôt, le rêve se lève,
plane, et cela qui est si simple, pourtant, si familier à nos regards, se transforme en idéale vision,
s'amplifie, se hausse jusqu'à la réalisation de la
grande poésie décorative...

C'est que la nature, pour qui sait la voir, la
comprendre et l'aimer, comme la vit, la comprit
et l'aima le grand Pissarro, est une étrange magi-
cienne, une perpétuelle créatrice de rêve, une infatigable renouveleuse d'idéal... Tout est en elle, car
elle est la Beauté, en dehors de quoi nous ne pouvons rien concevoir, la source intarie, où nous pouvons puiser, à pleine âme, toutes les émotions...
et tous les miracles...

Et, devant cette œuvre, au milieu de cette

œuvre, que je contemple avidement, se ravive, avec plus de force que jamais, la poignante douleur d'avoir perdu ce grand ami qui la créa... Puis, peu à peu, à la douleur, succède comme une douceur, comme une joie presque, de le retrouver, parmi nous, si immortellement vivant.

(1904.)

III

CLAUDE MONET

« VENISE »

Devant ces toiles où tant de certitude et de jeunesse se mêlent, je me souviens d'une parole de Claude Monet : Venise... non... je n'irai pas à Venise...

Claude Monet avait raison. Venise n'est pas une ville. Vivante ou morte, une ville nous émeut par les maisons, les hommes et l'atmosphère. Or, à Venise, tous les poètes savent bien qu'il n'y a pas de maisons, mais des palais. Il n'y a pas d'atmosphère, puisqu'un voile rose est posé sur Venise, comme une écharpe autour d'une danseuse. Il y a un rose Venise, comme il y a un vert Véronèse. Venise a chaviré sous le poids des imbéciles.

Les littérateurs l'ont peinte et les peintres l'ont décrite. Il y eut peut-être jadis une ville qui s'ap-

pelait Venise, une ville avec des maisons réelles
et diverses, maisons borgnes qui guettent, maisons
honorables et plates, maisons riches où l'or, derrière les façades, circule comme le sang sous la
peau. Mais Venise n'est plus qu'une carte postale
en couleurs. Quant aux hommes et quant aux
femmes, ils ont été noyés dans la lagune. Il ne
reste plus que des gondoliers, des grandes dames
et quelques lévriers. Walt Whitman, qui prenait
plaisir et profit à causer avec les cochers d'omnibus de New-York, n'aurait pu vivre à Venise ; car
tous les gondoliers y sont des poètes. Et les grandes
dames, dans leurs palais, ont des compagnons si
nobles, si dépouillés de toute forme naturelle, défi-
nis par des attributs si purement littéraires qu'on
ne sait plus, dans la meute qui fait cortège, dis-
tinguer M. d'Annunzio d'avec les lévriers héral-
diques.

La nature donne une atmosphère à toutes les
villes et les hommes compliquent l'atmosphère de
la nature et la souillent avec magnificence de
poussière et de fumées. Les travaux et les mouvements des hommes collaborent à l'atmosphère
des villes. Mais à Venise, on ne se meut pas : on
s'accoude aux balustres. On ne travaille pas : car
les cristaux et les dentelles de Venise sont fabri-
qués dans les expositions universelles.

Venise pouvait espérer la gloire triste d'être une
ville morte. L'Europe en a fait une ville nuptiale,
où la bourgeoisie se conjugue.

Les écrivains qui puisent dans le passé la plus ferme tradition classique et les écrivains qui y cherchent la plus élégante pourriture et la plus noble lassitude se sont, coude à coude, penchés sur la lagune. Les dramaturges aussi. Un dernier acte, s'il est véritablement d'amour et de douleur, n'a pas d'autre décor que Venise. Et seul, le chant d'un gondolier en coulisse est digne d'accompagner la plainte des amants qui se séparent. Le théâtre est l'image de la vie. Et quel homme quitte sa maîtresse et quelle femme quitte son amant, sans prendre auparavant un billet pour Venise ? Seuls les chiffonniers peuvent s'aimer sans penser à Venise. L'Europe entière s'est unie contre Venise, toute l'Europe avec ses poètes, ses photographes, ses psychologues, ses mariés, ses dramaturges et ses peintres.

On comprend que Claude Monet n'ait pas voulu aller à Venise, cette ville qui n'était plus une ville, mais un décor ou un motif. Claude Monet n'osait pas. Il se sentait assez fort pour peindre les campagnes et les villes. Mais peindre Venise, c'était se mesurer à toute la bêtise humaine, qui collabora à l'image que nous avons de Venise. Il attendit l'heure où la certitude et la maîtrise aboutissent à de nouveaux pressentiments.

Ceci est singulièrement émouvant que Claude Monet qui renouvela la peinture au xixe siècle ait pu se renouveler lui-même. De plus larges ondes se répandent. Une attaque multiple ne |crible plus la toile. On dirait que la main s'abandonne à suivre la lumière. Elle renonce à l'effort de la capter. Elle glisse sur la toile, comme la lumière a glissé sur les choses. Le mouvement minutieux qui, pièce à pièce, bâtissait l'atmosphère, cède au mouvement plus souple qui l'imite et lui obéit. Claude Monet ne saisit plus la lumière avec la joie de conquête de celui qui, ayant atteint sa proie, se crispe à la retenir. Il la traduit comme la plus intelligente danseuse traduit un sentiment. Des mouvements se combinent et nous ne savons pas comment ils se décomposent. Ils sont si bien liés les uns aux autres qu'ils semblent n'être qu'un seul mouvement et que la danse est parfaite et close comme un cercle.

La lumière ordonne et révèle les objets. Elle est, sur les canaux, plus solide et plus massive. Les reflets s'agglomèrent. On dirait que l'eau et la lumière s'appuient et se raffermissent aux façades. Mais sur l'Adriatique, elle est plus fluide et flottante. Une barque, des palais, l'église naissent et apparaissent, selon que la lumière les y autorisent. La réflexion des palais est chaude dans l'eau dense. Aux heures pleines, l'atmosphère s'applique et s'étoffe somptueusement à la surface verticale des murs, à la surface horizontale de l'eau ; elle est mêlée à la couleur comme si elle traversait la rosace d'un vitrail. Et c'est la fraîcheur humide et véritable de l'arc-en-ciel.

C'est l'admirable succession des heures qui crée

le monde et ne lui permet jamais d'être semblable à lui-même. Le plus humble touriste sait que le lever du soleil est un spectacle. Il contemple à l'horizon la bordure verdâtre de l'aube encore cadavérique, puis cette orbite sanglante et basse, puis le tremblement du jour naissant. Il ne sait pas que chaque minute est aussi riche et variable. Mais Claude Monet est maître de la lumière insaisissable. Ainsi Hokousaï disait, presque centenaire : « C'est bien ennuyeux de mourir, parce que je commençais enfin à comprendre la forme. » Et c'est aussi une forme, rajeunie, à l'état naissant que Claude Monet découvre sous les variations mêmes de l'atmosphère. Les objets immuables, que l'usage catalogue, naissent devant les yeux, comme s'il était le premier homme, comme si, à travers les variations de leurs éclairages, il n'avait pas encore appris à les connaître pour identiques.

La bêtise des littérateurs et des peintres avait arraché Venise à la nature. Claude Monet est allé à Venise et l'a restituée à la nature.

Seuls les professionnels de la tradition ne sont pas émus par ceux qui les précédèrent : car ils exécutent une consigne. Claude Monet se souvient avec gratitude de quelques fleurs peintes par Courbet sur un fond noir. Il médita aussi les estampes japonaises. C'est pourquoi il ne fit pas de japonisme. C'est dans la nature même qu'il voulut trouver l'éclat de fleurs de Courbet, sans qu'il fût besoin d'un fond noir ; c'est dans la nature qu'il chercha la rareté des rapports immobilisés sur les estampes du Japon.

La nature..., c'est un grand mot vague. Tout est en elle et les esthètes aussi et les peintres mêmes, qui n'ont jamais regardé que dans les livres. Et les critiques d'art eux-mêmes sont dans la nature...Il faudrait dire simplement que de tous les peintres, Claude Monet est celui qui regarde avec le plus de confiance et d'obstination. Les académiques de toutes les époques sont des théoriciens. Ils ont de grandes pensées et considèrent l'œil comme une partie honteuse...

Qu'il soit à Venise, au bord de l'Océan, devant les cathédrales, à Londres, à Vétheuil, à Giverny, Claude Monet néglige le mensonge humain, émotionnel ou pseudo-classique, que tant de peintres incorporent aux paysages. Les critiques d'art ont le plus souvent affirmé que l'initiateur fut Manet. Or le premier qui s'avisa que la lumière était, ce fut Claude Monet. Lorsque Claude Monet pensa que le soleil lui aussi appartenait au monde visible, Manet se cherchait encore lui-même à travers les musées.

Tous les peintres d'aujourd'hui doivent leur palette à Claude Monet. Nul peintre désormais ne pourra s'affranchir des problèmes que Claude Monet a résolus ou posés. L'œuvre de Claude Monet a passé déjà dans le langage de la peinture, comme l'œuvre d'un écrivain de génie passe dans la langue écrite et l'enrichit à jamais. Et il n'est pas question de peinture claire ou de peinture sombre. Le problème de la lumière est plus vaste que celui de l'éclat. Un Rembrandt qui naîtrait demain devrait de la gratitude à Claude Monet.

Mai 1912.

L'ART ET L'ADMINISTRATION

Un jour, M. Jules Ferry complimenta le peintre
Béraud sur son tableau : *Une Réunion à la salle
Graffard*. « Ah ! monsieur, lui dit-il, avec une
vraie émotion, voilà de la bonne politique. »

De la part d'un autre que M. Jules Ferry, cette
appréciation sur de la peinture — la seule peut-
être qui convînt en l'espèce — eût passé pour une
impertinence charmante ; mais, de la part de
M. Jules Ferry, on peut assurer que ce ministre
n'avait imaginé rien de plus délicat et de plus
opportun, pour flatter l'amour-propre d'un artiste.
Il est regrettable que cette parole éminemment
ministérielle n'ait pas été prononcée au temps où
Gustave Flaubert réunissait dans *Bouvard et Pécuchet*, les quintessences de la bêtise humaine ; car
elle méritait mieux que les honneurs d'une chro-
nique éphémère et elle eût trouvé, en ce rare et
curieux livre, l'immortelle place qu'il lui fallait.

Tous les ministres n'ont pas le tact de M. David
Raynal, lequel, ayant à célébrer Watteau, au
banquet de Valenciennes, discourut longuement
sur le canal du Nord et ramena cette fête artistique à une pure question de canalisation et de
chemins de fer. Les ministres, malheureusement,
éprouvent le besoin de s'occuper de l'art — soit
pour le protéger, soit pour l'administrer —
comme si l'idée d'art pouvait entrer en ces cervelles obscurcies de politique, et comme si l'on
devait s'attendre à quoi que ce soit d'intelligent,
de la part de ces personnages qui ne vivent que
par la banalité des pensées, le *cliché* des expressions, se noient dans la poussière des paperasses,
se perdent dans le brouhaha des bureaux, pro-
noncent des discours qui affligent, et disent com-
munément : « l'honorable préopinant », ou bien
« la grande voix du suffrage universel », échappés
de parlottes, repris de réunions publiques, misé-
rables avocats, Prudhommes imbéciles, polichinelles sinistres dont les bosses sont gonflées par
la sottise, et les articulations mues par la médiocrité.

* * *

Chaque fois qu'une administration a pesé sur
l'art, l'art est devenu une sous-administration, et
rien de plus. On lui a mis des lunettes vertes aux
yeux, un catarrhe dans la gorge, des ronds de cuir
au derrière, et il en est résulté le Salon, il en est

résulté l'Opéra : le Salon, où le triomphe est pour les médiocres, l'insulte pour les forts ; l'Opéra, où il n'y a plus un chanteur, plus un orchestre, plus un chœur, plus un ballet, plus un opéra même ; où l'on chante les *Huguenots, Hamlet* et *Guillaume Tell*, depuis le 1er janvier jusqu'au 31 décembre et le plus mal qu'on peut ; où l'on commande des ballets à M. Olivier Métra, qui s'adjoint quelques journalistes de sa connaissance, influents dans les théâtres et bons pour les réclames ; l'Opéra enfin, un établissement inférieur, comme musique et comme danse, au moindre orphéum de l'Allemagne, et qui est aujourd'hui, auprès des étrangers qui le visitent et qui viennent s'y faire écorcher les oreilles, un objet de dérision et presque une honte nationale.

Maintenant que M. Vaucorbeil est mort, laissant toutes choses en un si piteux état que personne ne s'y peut reconnaître, l'Administration sous les espèces de M. Fallières se demande ce qu'elle pourrait bien imaginer pour rendre l'Opéra plus ridicule, si c'est possible, et plus odieux. L'avenir de la musique, confié à un M. Fallières, cela ne vous semble-t-il pas une farce qui tourne au tragique ? Nous voulons d'abord en rire, et puis voilà que nous en sommes tout tristes et que nous nous indignons. Et ce M. Fallières s'évertue ! Les candidats naissent, pullulent autour de M. Fallières, et M. Fallières ne se peut résigner à faire un choix, parce qu'il n'en trouve pas d'assez mauvais. Il rêve, sans doute, pour l'Opéra, quelqu'un qui fasse, à l'Opéra, l'effet que lui, Fallières, produit au Ministère des Beaux-Arts, effet tel que parfois le regret vous prend de n'y plus apercevoir la solennelle figure de ce bon M. Turquet et la redingote anglaise du joli M. Antonin Proust ! Quoi qu'il puisse arriver, on peut être assuré que le choix de M. Fallières sera extraordinairement stupide. Ceux qui le connaissent savent qu'il y aura la main.

Parmi les candidats à la direction de l'Opéra, il en est un qui est un véritable et un grand artiste, qui a le culte, la passion, la religion de la musique, une poigne vigoureuse, un esprit de décision remarquable, et cette conviction superbe et fière qui met de la lumière à tout ce qui l'entoure, et de la flamme à tout ce qu'il touche : c'est M. Lamoureux. Si l'Opéra peut être sauvé, s'il doit reconquérir le rang qu'il a perdu et d'où l'ont précipité des industriels sans goût, sans noblesse, sans art, c'est par M. Lamoureux. M. Lamoureux a su, même en Allemagne, où l'éducation musicale est très développée, où le goût a grandi, se retrempe et se renouvelle chaque jour à la source des chefs-d'œuvre, imposer le respect à son nom. Alors qu'on pensait généralement qu'entre Pasdeloup, Colonne et le Conservatoire, il n'y avait pas à Paris de place nouvelle pour un nouveau concert, M. Lamoureux, sans hésiter, en fonda un. En quelques mois, il recruta un orchestre, lequel, de l'aveu unanime, est le meilleur orchestre qui existe et peut rivaliser avec les meilleurs orchestres de l'Europe. Il créa un répertoire admirablement choisi où, à côté des grands musiciens français, se trouvaient les œuvres des grands maîtres allemands, et il sut le faire non seulement respecter, mais encore applaudir par le public parisien, ce sceptique et ce goujat qui venait de siffler Wagner chez Pasdeloup. M. Lamoureux est donc quelqu'un, il l'a prouvé. Et puis après ? Voilà une raison pour qu'il ait moins de chances que d'autres qui n'ont rien fait du tout, et dont l'esprit ne dépasse pas la bonne moyenne. Comme on le sait un passionné du beau, comme on lui connaît de l'énergie, comme on soupçonne qu'il donnerait, en entrant à l'Opéra, un grand coup de balai, et qu'il y voudrait régner en maître, il n'en faut pas. S'il allait refaire un orchestre, s'il allait remettre un peu d'ordre dans le corps de ballet, s'il allait porter une main sacrilège sur ce personnage sacro-saint qui est M. Mérante, s'il trouvait des chanteurs, et s'il montait de vraies œuvres, comme il en est capable, quelle responsabilité ! Il faudrait dire adieu à la routine, se résigner à du nouveau : est-ce que c'est possible ! M. Lamoureux ne remplit pas les conditions de médiocrité qu'exige l'administration : son âme ne correspond pas à l'âme de M. Fallières. M. Lamoureux ne peut donc être nommé.

Il avait effaré les autres candidats, pendant un moment ; mais on s'est vite rassuré ; l'Opéra avait tremblé, un instant, mais il s'est remis de cette alarme ; M. Mérante craignait d'en avoir fini avec ses tyrannies, et il se disait que son règne était terminé. Mais M. Mérante est tranquille aujourd'hui, au milieu de son sérail, comme un pacha. Il a suffi à tout ce monde de contempler M. Fallières pour être certain que M. Fallières ne ferait jamais rien qui pût être compté comme une bonne action ou une action intelligente.

On raconte que ce Fallières aurait dit : « M. Lamoureux ! ah fi ! un pareil homme, qui a de pareilles tendances ! » Evidemment, pauvre Fallières, un homme qui a de pareilles tendances n'a rien qui vous plaise et rien que vous compreniez. Il préfère Bach à Charles Lecocq, Wagner à Villebichot, Schubert à Serpette, Berlioz à Varney, Saint-Saëns à Lacôme. Il ne crie pas que Meyerbeer est la dernière expression de l'art. Il prétend qu'Ambroise Thomas n'a pas accaparé tout le génie de la musique, et que son *Hamlet* n'est peut-être pas supérieur au *Fidelio* de Beethoven ; il croit à l'art, enfin ; et puis, il ferait de l'Opéra autre chose qu'un panorama et qu'une baraque où l'on fait miroiter de la lumière électrique sur des cottes de mailles et des casques de fer-blanc.

*
* *

Est-ce une chose bizarre pourtant qu'il suffise qu'un homme porte en lui un peu de cette flamme qui le fait remarquer parmi les ternes médiocrités, où la politique, la littérature, la musique se traine misérablement, pour qu'aussitôt il devienne un objet d'horreur, et que l'administration pousse des cris d'effroi à son seul nom, et à la seule pensée qu'il puisse, dans l'aplatissement général, faire entendre une note qui résonne !

La République pourtant devrait avoir enfin la conscience du mal qu'elle a fait depuis qu'elle ronge le pays et qu'elle l'attaque dans toutes ses moelles. Elle a porté un coup fatal à la France ; elle l'a ruinée dans sa gloire militaire, ruinée dans son commerce, dans son crédit, ruinée dans son art. Des imbéciles criminels sont venus qui ont voulu courber toutes choses au niveau de leur esprit et de la bassesse de leur conscience. Nous qui autrefois imposions à l'Europe nos volontés et notre goût, c'est nous qui les recevons maintenant des autres peuples, qui montent et s'enrichissent à mesure que nous dégringolons et que nous nous appauvrissons.

Paris va peu à peu se découronnant de ces auréoles qui l'embellissaient et jetaient partout comme un reflet de sa gloire et un écho de ses joies. Bientôt nous n'aurons plus rien, ni les affaires qui s'acheminent toutes sur le marché de Berlin, ni le goût qui s'efface et qui disparaît, ni même les plaisirs qui attiraient l'argent du monde dans ses caisses toujours pleines ; nous n'aurons plus que des faillites, des abandons et des désertions, des filles sans clients, des théâtres vides, et des tripots fermés, et cet esprit bien parisien qui continue de ricaner sur nos ruines, et cherche, dans les écroulements de tous les jours, matière à nouvelles à la main et à calembours.

Ah ! monsieur Fallières, voilà de la bonne musique !

(Le Gaulois, 10 novembre 1884.)

FERMEZ L'OPÉRA

Il faut revenir à cette affaire toujours pendante
de l'Opéra, car elle ne comporte pas seulement des
intrigues, des ambitions personnelles, des bêtises
administratives, un peu d'art et beaucoup de
finance ; elle comporte aussi une question sociale
et des plus intéressantes, en ce moment.

M. Abraham Dreyfus a émis, dans la *Revue politique,* une idée fort ingénieuse, très alléchante et
dont le seul tort consiste à n'être pas pratique. Il
propose simplement de détruire l'Opéra. Pour mon
compte, je n'y verrais aucun inconvénient ; volontiers même, je prendrais une pioche et me mêle-
rais gaiement à la foule des démolisseurs. Etant
donné ce qu'est devenu l'Opéra, ce qu'il nous ap-
porte de pauvres spectacles pour les yeux et pour
les oreilles, étant donné surtout que l'Opéra ne
peut être autrement qu'il n'est, qu'il ne doit, quoi
qu'on fasse et quelques génies qui s'élèvent, jouer

d'autres œuvres que la *Favorite*, les *Huguenots*, et *Hamlet* agrémentés de quelques *Africaine* et de quelques *Juive*, avec des ballets ridicules, inventés, organisés, dirigés et dansés par M. Mérante, la proposition de M. Abraham Dreyfus flatte tout d'abord, c'est évident. Mais enfin l'Opéra, si laid, si disproportionné, si inutile qu'il soit, existe. Tout le monde est d'accord pour convenir qu'il en faut un, sinon dans le présent, au moins dans l'avenir. Par conséquent, si on doit démolir celui-là, il faudra, dans un temps prochain, en reconstruire un autre. Tout porte à croire que le nouveau ne sera pas d'une architecture plus noble que l'ancien, on peut même affirmer que, comme le mauvais goût a fait de notables progrès, il serait sûrement plus horrible. Gardons l'Opéra, avec ses défauts et ses hideurs, mais fermons-le.

Ce qui se passe est véritablement comique. Voilà que tous les candidats, après s'être mis en branle, formidablement armés de commandites sérieuses et de protections de premier choix, se retirent très déconfits et prennent la fuite les uns à la suite des autres. Il ne reste plus sur la brèche que le seul M. Campo-Casso, ce qui s'explique, puisque M. Campo-Casso est de Marseille et qu'il a eu plusieurs théâtres tués sous lui. Va-t-on remettre entre les mains de cet impresario audacieux et de province — de toutes les provinces — les destinées de l'Académie de musique ? Tout est possible aujourd'hui. D'ailleurs, je ne vois pas, en ce

Pipe-en-Bois offrant une absinthe à lord Lyons était au moins conséquent avec son éducation et ses idéals mondains. De plus il n'était pas ridicule, car que vouliez-vous que ce joyeux personnage, qui avait passé sa vie dans les brasseries, offrît à un ambassadeur, sinon une absinthe ?

Comment, voilà des gens qui, depuis qu'ils gouvernent, se sont acharnés à traquer tout le monde, qui se sont ingéniés à désespérer le commerce, à ruiner l'industrie, à tuer les finances, à déplacer le crédit ; des gens qui n'ont pas fait une loi qui ne fût une atteinte à la liberté et une menace contre la richesse publique ; qui ont semé partout la défiance, à un degré tel qu'on reste dans ses terres le plus longtemps possible, et que les étrangers eux-mêmes ne veulent plus venir à Paris, devenu une sorte de ville maudite et proscrite. Ils ont, avec leurs visages rébarbatifs de pion haineux et taquin chassé le plaisir, le plaisir permis et qui est nécessaire à l'équilibre d'une nation ; ils font ressembler la France à une sorte de peuple mort, mort à tout, aussi bien aux gaietés de la santé qu'aux élans de l'honneur, aux cultes du goût, aux enthousiasmes de la jeunesse, aux beautés de l'élégance ; en un mot, ils ont tout détruit, et ils voudraient avoir un Opéra !

Mais pourquoi faire, grand Dieu ! et qui donc, à l'exception d'un faiseur n'ayant rien à perdre comme M. Campo-Casso, voudra se charger d'un tel fardeau ?

* * *

L'Opéra n'est pas seulement un endroit plus ou moins doré, d'un goût plus ou moins contestable, où l'on vous donne de la bonne ou de la mauvaise musique. C'est un établissement de luxe, que soutient le luxe, et qui n'est fait que pour lui. Ainsi l'avaient compris les gouvernements monarchiques qui payaient, avec l'argent de leur liste civile, l'entretien de l'Opéra et trouvaient encore, par surcroît, le moyen de découvrir de bons chanteurs — ces oiseaux morts maintenant. La cour y venait assidûment — le souverain y avait même une entrée particulière, pour prouver qu'il était là chez lui. On y faisait assaut de toilettes et de parures, et par conséquent assaut de dépenses, de quoi le commerce ne se plaignait point, je vous jure. Les modes naissaient, y mouraient et s'y renouvelaient. C'était le lieu de réunion choisi par excellence, où l'on était sûr de se rencontrer. Les ambassadeurs y causaient avec les ministres, les ministres avec les députés, les députés avec les financiers et les femmes avec tout le monde. On y faisait de la politique, des affaires, — de la galanterie peut-être, — de l'esprit quelquefois. On y dépensait beaucoup d'argent — et c'est là qu'était l'important.

Aujourd'hui la cour est représentée par M. Grévy

et sa *dame*, ce qui manque vraiment d'élan. On voit, dans les loges, les têtes crispées des ministres que vous connaissez et qui changent tous les quinze jours, puis ce monde inquiet, ennuyé, effaré qui ne sait où il va et où on le mène, qui se demande si, demain, il ne sera pas Allemand, Anglais ou bien Chinois. On y voit aussi des loges vides, qui bâillent tristement, et puis, caractéristique du temps présent, aux stalles d'amphithéâtre, et, aux secondes loges, quantité de petites dames, qui guettent d'un œil peint et d'une lèvre maquillée, le rare étranger qui lorgne, dans le désert des stalles d'orchestre.

Fermez l'Opéra, allez ! puisque vous ne pouvez en faire le théâtre de l'art que vous avez tué, mais encore le théâtre du luxe que vous avez ruiné. Fermez l'Opéra, comme vous avez contraint à se fermer beaucoup d'établissements de commerce qui ne vivaient que du remuement des élégances qui s'y produisait, comme vous avez contraint à se fermer les boutiques et les usines, comme vous avez contraint les maisons de banque à fermer leurs caisses, comme vous contraindrez bientôt la France à se fermer elle-même. Fermez l'Opéra, puisque vous éloignez tout le monde de vos turpitudes bourgeoises, puisque votre incapacité effare même le crédit, et le force à s'en aller demander asile sur les marchés de Berlin. Fermez l'Opéra, et mettez sur ses portes closes et sa loggia déserte un vaste écriteau : *Fermé pour cause de République.*

Quand la commission d'enquête s'en fut à Lyon, étudier la crise industrielle, un des commerçants interrogés, un ouvrier, qui est républicain pourtant, dit devant elle : « C'est bien simple, messieurs, si l'Impératrice était sur le trône, elle achèterait des robes brochées, toutes les dames de la cour aussi, et puis les autres après, et tout irait bien. » Cet homme, qui n'est point un économiste, a mis vraiment le doigt sur la plaie du moment. La crise qui sévit à Lyon et qui met tant d'ouvriers sur la paille est là tout entière. J'ignore les robes qu'achète Mme Grévy, si c'est de l'indienne, du calicot ou de la bure, mais à coup sûr, ce n'est pas de la soie brochée. Ses amies et les femmes de son entourage — l'entourage de Mme Grévy ! — font de même. D'où vient l'élan ? D'où part l'exemple ? Et d'où voulez-vous qu'il parte ?

De cette société pot-au-feu et porte-cabas qui ne songe qu'à remplir le bas de laine des rognures de la cuisine et des grattages de l'office, qui ravaude les vieilles robes et reprise les vieilles chemises, et dont les grandes douleurs sont, après les lessives faites, de s'apercevoir qu'il manque un torchon et qu'on ne retrouve plus un tablier de nourrice ?

Quant à l'autre société, elle est éparpillée partout, dans les châteaux, au loin ; elle ne songe à s'installer à Paris que le moins longtemps possible. Elle est inquiète, elle ne croit ni à la stabilité des choses ni à la sécurité des personnes Elle a bien assez à faire de se garder des menaces de l'avenir, dans les préoccupations du présent. Elle voit que les ruines vont sans cesse s'entassant sur les ruines, et elle n'a le goût ni de la parure, ni au plaisir, ni à rien de ce dont vit un peuple, et de ce dont il meurt aujourd'hui.

Pourtant si un auguste exemple venait redonner le courage et ramener l'espérance : si un soir, comme le demandait l'ouvrier de Lyon, madame la comtesse de Paris apparaissait à l'Opéra, vêtue d'une robe de soie brochée, toutes les femmes qui formeront sa cour au jour désiré des délivrances prochaines suivraient ce haut exemple et y obéiraient comme à un ordre ; et en attendant que toutes choses et toutes gens soient remis en leur place, les ouvriers de Lyon, qui souffrent et se lamentent, porteraient leurs regards et enverraient leurs prières vers Celle qui apaise les souffrances, et fait planer sur un peuple qui pleure le sourire consolateur de l'éternelle Charité.

(*Le Gaulois*, 17 novembre 1884.)

L'OPÉRA

Chacun sait que l'Opéra est un temple fort laid, bâti par M. Garnier, dirigé par M. Gailhard et qui coûte fort cher à l'Etat. On y chante les *Huguenots* du soir au matin, et aussi *Faust*, et aussi *Hamlet* et aussi *Guillaume Tell* ; on y danse aussi des ballets imaginés par M. Mérante, et, vers le carnaval, quelques chienlits lugubres, y lèvent la jambe à hauteur de l'œil, font le grand écart, se grisent abominablement, tandis que quelques habits noirs s'y ennuient plus qu'à aucune autre époque de l'année, sous prétexte de s'y divertir davantage. Il en résulte que l'Opéra est considéré comme établissement d'utilité publique, qu'il jouit, dans le monde, d'une grande réputation d'art, et, dans le budget, d'une forte somme d'argent. En divers pays où la politesse est excessive, Opéra se prononce : « Académie nationale de musique et de danse. » Je n'apprendrai rien à

personne en ajoutant que les êtres vivants qui fré-
quentent ce curieux monument et qu'on appelle
abonnés, appartiennent, en général, aux classes les
mieux vêtues de la société parisienne, qu'ils sont
doués d'une patience de castor et que pourvu qu'on
leur chante quelque chose, n'importe quoi et n'importe comment ils se tiennent pour satisfaits et
charmés. On peut même affirmer que, si on ne
leur chantait rien du tout, leur satisfaction serait
la même. Donc, il semble que les directeurs d'une
maison aussi merveilleuse et aussi nationale n'auraient qu'à se laisser vivre et attendre, le sourire
sur les lèvres et la joie dans le cœur, la fortune et
la croix d'honneur. Mais, il n'en va pas ainsi,
comme disent les chroniqueurs de la bonne école.

Malgré la docilité des abonnés, malgré les subventions de l'Etat, malgré le soin pieux avec lequel la plupart des directeurs ont écarté l'art
sévère de leurs préoccupations, l'Opéra se trouve
dans une situation difficile, et depuis que MM. Ritt
et Gailhard ont été appelés à en réglementer les
destinées, c'est-à-dire depuis quatre mois environ,
l'Académie nationale de musique et de danse est
en déficit de cent cinquante-quatre mille francs. Naturellement, chacun se lamente devant ce désastre
prévu, et les candidats de l'avenir et les auteurs
évincés disputent là-dessus avec chaleur, chacun
apportant un remède infaillible à cette catastrophe.

Les uns s'en prennent au répertoire, qui n'est
point assez varié et s'éternise dans les mêmes ro-

mances ; les autres, au recrutement des chanteurs.

Il y en a qui rendent M. Garnier et son monument—l'un portant l'autre — responsables de cet état douloureux : d'autres qui accusent M. Mérante dont la tyrannie paralyse 'tous les efforts. Les uns réclament Wagner, les autres Lecocq. Et tout le monde est d'accord pour affirmer que le niveau de l'art s'abaisse et qu'il importe de le relever.

* * *

Je crois que l'on se méprend généralement sur le but d'un Opéra et le rôle qu'il doit jouer dans une société. L'Opéra est un endroit de réunion élégante pour un certain milieu social qui peut payer, trente quatre mille francs par an, le droit de se montrer en habit noir et en robe décolletée, trois fois par semaine, de dix heures à minuit, dans une loge. C'est — me pardonnent les musisiens — une sorte de grand salon banal, divisé en une infinité de petits salons particuliers où l'on aime à paraître et à recevoir et qui vous reposent, en une intimité plus rapprochée, compliquée en même temps d'une expansion plus large, des autres grandes fêtes de la semaine. De plus l'Opéra constitue la coquetterie, l'élégance, le luxe d'une ville. Il comporte, ainsi que les beaux monuments, les beaux jardins publics, les musées, une espèce de vanité nationale, étalée surtout pour les étrangers. Il fait partie de la parure d'un Etat, de

l'ameublement — dirai-je — d'un pays. Par conséquent, ce qu'on doit lui demander, ce n'est pas de
l'art, c'est de l'élégance, c'est du luxe, c'est une
politesse et un confort de réception mondaine. Peu
importent vraiment les œuvres de génie pourvu
qu'il nous montre de jolies femmes ou de jolies
toilettes, des éclats de dorures, une décoration
sensuelle de la vie. Il faut qu'en rentrant à l'Opéra
un étranger, par exemple, puisse, d'un seul coup,
humer le parfum de Paris, s'extasier devant les
fleurs de Paris, avoir une notion nette de ses
modes, de ses plaisirs, de ses richesses, de son
goût, plutôt que se pâmer sur un récitatif, une ca-
valière, un morceau d'orchestre. Il est fort indif-
férent que la musique soit bonne ou mauvaise. La
musique est là comme prétexte, comme excuse,
comme enjolivement, et parce qu'aussi il faut bien
quelque chose ; de même qu'il faut des chevaux
au concours hippique, des tableaux aux expositions
de peinture, de l'esprit aux discours académiques,
sans que pourtant rien de ces choses soit indispensable — moins indispensable que les bookma-
kers à Longchamp et à Auteuil. L'Opéra a ceci
de particulier qu'il pourrait remplacer la musique
et la danse par un autre divertissement — des
conférences ou des tombolas de charité — qu'il
resterait toujours l'opéra ; tandis que s'il se mêlait
de faire autre chose que de l'art, de ne se préoc-
cuper que de musique, il risquerait fort de n'être
plus rien du tout. D'où je conclus que les gens

qui attribuent à la décadence et à la malfortune de l'Opéra des causes purement artistiques se trompent grossièrement.

L'Opéra possède un autre avantage. Il est très utile aux mains d'une monarchie. Le souverain y donne des fêtes, des galas. C'est là qu'il vient présenter à la foule les grands personnages étrangers en visite chez nous. En outre, sa présence régulière entretient un esprit d'émulation entre les élégantes, qui mettent dans leurs toilettes plus de soin, plus de nouveau, plus d'imprévu, — en même temps qu'elle rend plus facile sa popularité, plus accessible et moins légendaire sa souveraineté. Ce qu'on exige d'un empereur ou d'un roi, ce ne sont pas des libertés, des lois humaines, des impôts moins lourds, un éclat de gloire ; ce qu'on lui demande, c'est sa présence. On veut le voir. Or, quel meilleur cadre que celui de l'Opéra avec sa lumière sourde, favorable aux mirages, loin des passions politiques, des excitations de la rue, dans l'apaisement, les mollesses et les béatitudes que nous donne, toujours après dîner, le spectacle des choses gracieuses !

Il résulte de toutes ces observations éminemment psychologiques et très parisiennes que l'Opéra, étant un luxe d'Etat et point une exploitation d'art, devrait être administré par l'Etat, ainsi que cela se pratique dans toutes les monarchies d'Europe, lesquelles en prennent l'administration à la charge de leurs cassettes particulières. Mais, sous une république, dont le chef incarne les formes bourgeoises et les majestés *pot-au-feu* d'un M. Grévy, l'Opéra, même avec des subventions, doit fatalement sombrer aux mains des entreprises particulières. L'habileté d'un directeur, son goût élevé, sa finesse d'administration ne le sauveraient pas. Il faut, pour le faire vivre, l'éclat et l'activité brillante d'une cour, le luxe d'une société qui se masse autour d'un souverain, le faisceau compact de toutes les élégances, de toutes les richesses, de toutes les illustrations d'un pays, j'entends celles qui sont à la mode, et non point les autres.

Aujourd'hui tous ces éléments sont éparpillés aux quatre coins de la France, Paris est déserté une grande partie de l'année. On vit beaucoup plus dans ses terres, dans celles des autres, en voyage, inquiet du présent, réparant les ruines du passé, anxieux de ce que l'avenir réserve. On n'est plus guère aux fêtes d'apparat, ni aux démonstrations extérieures de la mode. Chacun va, se renfermant plus profondément dans sa coterie. Allez un lundi ou un vendredi à l'Opéra, que de trous noirs ! Les loges bâillent, désolées, pareilles à des bouches sans sourires. Il y a dans ce grand vaisseau, éclaboussé de lourdes dorures, comme un ennui, une lassitude qui traîne partout, sur ses stalles bêtes. Les lorgnettes restent immobiles sur les rebords des loges et dans les mains inoccupées, sachant bien qu'elles n'ont rien à voir ni toilettes à critiquer, ni nouveau visage à déchiffrer, ni intrigues à épier. Quelquefois apparaît un ministre qui montre sa tenue de pion et donne encore à la salle un air plus épais de tristesse. C'est donc là, l'élégance française !

* * *

M. Halanzier s'est retiré au moment précis où, ayant épuisé ce que la nouveauté du moment pouvait amener de curiosités, il voyait venir la décadence irrémédiable. La direction de M. Vancorbeil ne fut qu'une suite d'expédients et de *rafistolages* ; et déjà MM. Ritt et Gailhard, dont la capacité et le zèle ne sont pas en cause et qui s'efforcent d'imprimer à l'art une impulsion toute nouvelle, aperçoivent l'abîme qui s'ouvre. Les directeurs, si intelligents, si actifs, si économes qu'ils soient, ne peuvent rien contre cette désaffection, dont la cause est toute politique et toute sociale. Ils auraient beau représenter les plus magnifiques œuvres du génie humain ; ils feraient défiler devant nous ce que le monde entier compte d'artistes acclamés ; ils entasseraient les Milsson sur les Materna, les Patti sur les Gayarré, que cela n'empêcherait pas le péril de l'Opéra. L'Opéra avec l'énormité de son bâtiment, la multiplicité de ses services, l'exigence des routines administratives, comporte des dépenses que le public d'aujourd'hui ne peut combler. Etant une institution de luxe, c'est le luxe seul qui le peut soutenir, le luxe qui s'épanouit au milieu du faste des cours royales, mais qui s'évanouit sous le fumier des basses-cours républicaines.

Par conséquent, j'imagine que toutes les discussions sont vaines à ce sujet, et qu'on perd son temps, ses raisons et son encre, à vouloir apporter un remède à un mal dès longtemps condamné.

Il n'y a pas d'autre alternative que celle-ci :

Ou mettre l'Opéra en régie, c'est-à-dire le confier exclusivément à l'Etat, qui en fera ce qu'il voudra, et qui en supportera toutes les dépenses et les écrasantes charges.

Ou le fermer et les vrais dilettantes, c'est-à-dire ceux qui, dédaignant le spectacle des élégances mondaines, demandent à l'Opéra des jouissances d'art pur, n'y perdront rien, car, depuis longtemps, ils n'y trouvaient pas ce qu'ils cherchaient. Ils y gagneront peut-être ceci, c'est que l'Opéra étant hermétiquement fermé, un amateur aura l'initiative hardie de créer dans un bâtiment moins vaste, moins doré et moins ruineux, un théâtre lyrique où ils auront peut-être la chance d'entendre de bonne musique, la seule chose qui soit difficile de se procurer, à Paris, avec son argent.

(*Le Gaulois,*18 mai 1885.)

CÉSAR FRANCK
ET MONSIEUR GOUNOD

C'est en 1873 que M. Edouard Colonne donna,
sous les huées du public, la première audition de
cette sublime *Rédemption*, qu'il nous redonnait.
ces jours passés, avec tant de triomphe et qui, aujourd'hui encore, sera tant acclamée aux concerts
du Cirque d'Hiver. Voilà donc vingt-trois ans de
cela, vingt-trois ans de criminelle injustice envers
l'un des plus grands, des plus purs génies qui
aient été. Si l'apothéose est enfin venue, il ne faut
pas trop nous en glorifier, car elle fut bien tardive, car César Franck n'est plus là pour en goûter la joie et en savourer le juste orgueil.

A cette époque, le nom de César Franck était fort
inconnu, et, nulle part, il n'y avait d'opinion
écrite sur son génie ; sauf quelques jeunes gens,
comme M. Alfred Bruneau, M. Vincent d'Indy,
M. Chausson, qui s'honoraient de l'avoir pour

maître, personne ne savait que penser de ce compositeur admirable, sur qui ne s'était exercée la verve d'aucun critique influent, sur qui n'avait rampé, hideuse limace, le gluant et larveux attouchement d'aucun Léon Kerst. Était-ce un vieux d'autrefois, ou un jeune de demain, ou un Allemand encore, ou un Scandinave, déjà ? On ne savait pas. Tout au plus avait-on entendu dire d'une manière très vague, et d'ailleurs méprisante, que César Franck tenait l'orgue dans une église quelconque, à Sainte-Clotilde, peut-être. Un organiste ! Parbleu ! ça se voyait bien ! Un aveugle aussi, sans doute, un lamentable et désolant aveugle ! Le mieux qu'on pût faire, dans la circonstance, pour ne pas se tromper trop grossièrement, pour ne pas tomber dans le si ridicule snobisme du génie méconnu, c'était d'en penser, d'abord, beaucoup de mal, quitte à en dire plus tard beaucoup de bien, quand il serait mort, et de renvoyer, tout de suite, cet aveugle — car c'était sûrement un aveugle — à son pont, à son caniche, à sa pancarte, à sa sébile, à son orgue de Barbarie. On prit bien garde de n'y pas manquer et, vraiment, l'on n'y manqua point.

M. Gounod était lui, en ce temps-là, une sorte d'universel prophète, à la barbe fleurie d'extases. Il partageait, avec un autre prophète, non moins illustre, Alexandre Dumas fils, ce privilège, divinement parisien, de confesser les confortables âmes de nos plus belles pécheresses. Il n'était que

mysticisme et qu'amour, et barbe blonde et mains
frôlantes, et regards ensorceleurs et neurasthé-
nique perversité, et quoi encore ? Il était, à la fois,
le Péché et le Repentir, l'Ivresse et le Remords,
le Ciel et l'Enfer, brûlant les âmes et les lubréfiant
tour à tour, montrant aux unes les ailes cousues
à son dos d'archange, aux autres ses cornes de feu
et ses pieds fourchus de démon... Toutes ses par-
titions, vêtues de broderies d'église, de soies de
tabernacles, aux odeurs d'encens et de gomme
myrrhique, s'échevelaient, gémissaient, sanglo-
taient, se pâmaient, se possédaient sur les pianos
désaccordés par les mayonnaises et les salades
russes des cocottes les plus richement entrete-
nues. Même, dans les maisons d'amour les plus
notoirement numérotées, les femmes en chemise
transparente et bas noirs ne chantaient que le
Gounod et le Strauss... le Strauss pour les gaietés
endiablées, pour les belles folies au champagne
(on savait être fou, alors)... Gounod, pour le sentiment, pour la passion, la mélancolie et le rêve !
Ah ! oui, pour le rêve, le rêve si touchant, si ré-
dempteur, si Marie-Madeleine, si Dame aux Camé-
lias, qui bat de l'aile et se déchire aux persiennes
closes de ces prisons impures de la chair !

Or, M. Gounod, très en gloire, assistait chez
M. Colonne à la représentation de cette magnifique *Rédemption*, de César Franck, trônant dans
une loge, auguste, et la barbe irradiante, comme
un Dieu. Il était ainsi placé que tous les regards

allaient vers lui, et son sourire distribuait, dans la salle, les bénédictions.

Dès les premières notes, M. Gounod se montra bruyamment hostile à cette musique, à laquelle il ne comprenait rien, à laquelle il ne pouvait rien comprendre, car s'il en eût compris le frisson unique, la beauté souveraine, l'acte de foi ardent et si pur, toute la vulgarité, toute l'inutilité de son œuvre, à lui, eussent apparu dans une soudaine, terrible, éclatante certitude, et son dégoût de soi-même eût été une chose bien douloureuse, un poignant drame intérieur, à quoi nous n'eussions pu refuser notre émotion, et une certaine ampleur tragique. Mais il n'était point dans les habitudes de M. Gounod que de pareilles apparitions lui vinssent.

A mesure que l'inspiration du poème symphonique grandissait, s'élevait par la prière jusqu'aux plus hautes cimes, jusqu'aux plus radieux sommets de l'art, grandissait aussi, et parallèlement, l'hostilité de M. Gounod, dont le front s'obscurcissait de tempêtes. Et il en arriva, bien vite, à une sorte d'exaspération trépidante et trépignante qu'il ne lui fut pas possible de maîtriser plus longtemps. Ce furent alors des protestations indignées, des exclamations ironiques, presque des huées, une attitude enfin dont on a peine, aujourd'hui, même chez un Dieu, à concevoir l'incomparable indécence. Tout à coup, n'y pouvant plus tenir, il se leva avec fracas, endossa son pardessus sortit de la loge, dans un furieux claquement de portes, et il s'enfuit à travers les couloirs, se bouchant les oreilles et criant :

— Mon Dieu !... Mon Dieu !... Qu'est-ce que c'est que ça ?... Mais ça n'est pas de la musique !... Jouer de pareilles stupidités, mais c'est un véritable guet-apens !... Folie, Folie, Folie !... Où allons-nous ?... Que vient faire ici ce barbare ?... Ah ! j'en demeurerai sourd, toute ma vie, à moins que je n'en meure !...

Puis, avisant un contrôleur qui dormait pacifiquement, dans le vestibule, sur une banquette, il le secoua et lui dit :

— Je suis le divin Gounod, tu entends ?... Regarde moi, et vas dire à Colonne qu'il n'est plus la colonne du temple sacré où brûlait mon génie !... Adieu !

M. Gounod ! Eh ! mon Dieu oui, M. Gounod !

Et rien n'est plus logique, et les choses sont toujours ainsi qu'elles doivent être, et elles vont où elles doivent aller. Il est probable que, au sortir de la représentation, M. Gounod alla chez une belle Juive, languissante et troublée, et que, pour se remettre de tant d'émoi, il but, dans une tasse de thé, son âme circoncise qui attendait le baptème chrétien de M. Paul Bourget, encore en futurition.

Et que pouvait dire d'autre, l'auteur de cette prétentieuse, larmoyante et plate opérette qu'est *Faust* — ô grand Gœthe ! — le créateur de tant

d'airs pianoteurs qui vont si bien et tout droit à
l'âme de toutes les cocottes sentimentales, et tant
de rêveuses portières, dont les *Laisse-moi contempler ton visage* bercent les nuits ardentes et les
rêves inconnus ? D'une œuvre vraiment géniale,
comme la *Rédemption,* de César Franck, quelle
autre opinion pouvait avoir ce musicien pour ca-
binets de toilette dont les mélodies semblent, dans
une odeur fade de parfumerie, l'égouttement savon-
neux des lavabos et des bidets.

> Bidet pur, bidet radieux,
> Porte mon ambre au fond des cieux...

Cette opinion de M. Gounod aussitôt connue,
devint celle de la foule et dura vingt-trois ans.
Durant vingt-trois ans, il fut convenu que la musique de César Franck n'était pas de la musique,
que c'était quelque chose d'obscur et de barbare,
dont il ne fallait pas s'occuper, sinon pour la huer
ou pour y bâiller, selon le tempérament des gens.
On parla avec toute l'autorité et la compétence
désirables, de l'ennui morne des *Béatitudes,* de la
discordance cacophonique, charivarique, de *Psy-
ché.* Et chaque fois que le nom de César Franck
venait sur les lèvres des hommes, il était aussitôt
suivi de ceci :

— Quel raseur ! Ah ! ne me parlez pas de ce
raseur !... Hervé, à la bonne heure !...

Et, de fait, il arriva qu'on n'en parla plus du
tout.

Il est vrai que le compositeur français, honni
chez lui, était en Allemagne, respecté et applaudi.
Son nom s'accolait glorieusement, là-bas, à ceux
de Bach, de Beethoven, ses fraternels égaux dans
l'immortalité.

* * *

Aujourd'hui, il triomphe, partout, et, chaque
dimanche, au concert de M. Colonne, comme à
celui de M. Lamoureux, que ce soit la *Rédemption*,
ou la *Symphonie en ré mineur*, ce sont, autour de
cet émouvant génie, de longs, enthousiastes, una-
nimes acclamations et telles que ne les connut
jamais M. Gounod ! Hélas ! pourquoi est-il mort?...
Pourquoi n'a-t-il pu assister à l'apothéose de son
œuvre, de ce visage tranquille, de cette âme sainte
qu'il avait ?

Plus inspiré que Berlioz, d'une science plus
large, plus soutenue, moins compliquée, d'un goût
plus sûr, d'une compréhension plus vaste, aucun,
dans le passé et dans le présent, n'eut autant que
César Franck l'ampleur de l'éloquence, la richesse
de l'imagination, l'abondance de l'idée, la possession entière, jusqu'au miracle, de son art. Et son
style a la clarté limpide des sources qui chantent
sous les fleurs, le large et profond rythme des
grandes houles de la mer, sous la brise. Toutes
ses œuvres ont un tel caractère de généralisation
dans le génie, elles ont une telle répercussion d'espérance dans le cœur de l'homme, qu'elles vont à

l'esprit des plus savants comme à l'âme des plus ingénus. Jamais une obscurité ; il est tout lumière ; jamais une faiblesse, un heurt, un arrêt ; son effusion déborde, et son élan vers le divin, monte, monte, toujours plus haut, en ascensions harmonieuses et simples.

Devant les œuvres de César Franck, moi qui n'ai point sa foi et ne crois pas à son Dieu, j'éprouve ce trouble puissant, cette admiration redoutable que me donne le spectacle des cathédrales de Bruges, de ces montées, en acte de foi, de la pierre rouge dans l'infini du firmament. Mon doute bronche et fléchit au seuil de ces temples, comme à la porte céleste de ces œuvres, et je me dis que l'Idée par qui tant de prodiges furent créés, à travers les siècles, doit avoir, tout de même, dans la vie, des racines impérissables et bien profondes.

(Le Journal, 27 décembre 1896.)

CE QUE L'ON ÉCRIT...

Malgré la répugnance que j'ai à parler de moi
et de ce qui m'arrive, il faut, pourtant, que je
revienne sur un article que je publiai, à cette place
même, voici deux semaines, sous ce titre : *César
Franck et Monsieur Gounod*. Disons-le franchement et tout de suite : il a fait scandale. On sait,
d'ailleurs, que le scandale est ma partie et que j'en
tiens boutique. Il n'y avait donc pas lieu de
s'émouvoir et de s'étonner, et le mieux eût été
de ne rien dire, puisque, notoirement, je suis un
fumiste, un farceur, et même un inconscient et un
bateleur de réclame. Un fou, évidemment. Que ne
suis-je pas encore ? Mais les choses ne vont jamais
avec cette logique.

J'ai reçu, et notre directeur M. Fernand Xau a
reçu tant de lettres, à la suite de cet article, et de
si explicites, que je m'aperçois enfin que j'ai commis, en maltraitant M. Gounod et en niant son

génie, un acte d'inqualifiable irrévérence, un crime, peut-être, une monstruosité, à coup sûr, et que j'ai blessé à mort des âmes neurasthéniques et si charmantes, ce dont je ne me consolerai jamais. Je m'en excuse auprès d'elles, avec toute l'humilité attendrie dont je suis capable, et les supplie, à genoux, de me pardonner.

— Ah! Monsieur, m'écrit une de ces âmes attristées, est-ce possible?... Un tel blasphème... Comment l'osâtes-vous?... Et je vous aimais!... Vous ne savez donc pas que la musique de Gounod est, non seulement d'essence divine, mais qu'elle est thérapeutique, ah! si admirablement thérapeutique!... Vous allez en juger. Depuis dix ans, je suis condamnée par les médecins, et je vis toujours; c'est que, chaque matin et chaque soir, je me fais jouer au piano — miraculeuse hygiène — l'*Ange pur*, précisément, l'*Ange radieux*... sur lequel vous proférâtes de si odieuses paroles! Ah! comment avez-vous pu?... et sans rougir? Je crains bien que vous ne vous laviez jamais de cela... Je prends aussi, régulièrement, des glycéro-phosphates, mais je sens que c'est Gounod seul qui me soutient, oui, je sens que c'est à lui seul, unique Dieu de mes rêves, que je dois de n'être pas morte encore!

Cela m'a vivement touché et rien que pour ce cri du cœur, ô chère âme douloureuse, j'eusse voulu que l'idée d'écrire cet article ne me fût jamais venue.

Mais je ne m'attendais pas à voir les rôdeurs de barrière et les ramasseurs de bouts de cigare protester avec indignation contre mon irrespect. Je croyais, vraiment, ces braves gens occupés à d'autres affaires qu'à chanter tout le jour : *Faites-lui mes aveux*, à préserver la fameuse *Gloire immortelle de nos aïeux* contre mes attentats. « Ordure, salaud, cochon, fourneau ! » tels sont les termes expressifs et galants dont ils me gratifient. « Rentre dans ton terrier, bête puante, et n'en sors jamais, crapule, voleur, soudard ! » me conseille un de ces frénétiques admirateurs de M. Gounod, dont, malgré tout, je pensais la clientèle plus choisie. « Ça devait arriver ! proclame un autre, et il était juste que tu préférasses, goujat, un sale Prussien, comme ton Franck, à un grand Français, comme notre Gounod. Tu auras beau faire, misérable espion, jamais tu ne nous imposeras tes Wagners ! A Berlin, traître ! » Ton Franck ! tes Wagners ! N'est-ce pas d'un délicieux mépris ? Car ils me tutoient, vous savez ; et ces insultes prennent, à ce tutoiement, une grandeur, une éloquence de prosopopée, qui m'accable sous la honte et sous le remords. « Si vous ne renvoyez pas immédiatement ce saligaud-là, qui vous déshonore et qui déshonore toute la corporation de la presse, le *Journal* est fichu ! » prophétise à

M. Fernand Xau un confrère, sans doute déguisé, pour la circonstance, en crocheteur, et pour qui ma place serait une bonne aubaine. « Allons! vas-y, esbrouffeur ! A quand Ambroise Thomas (Hé ! hé !), et Massenet (Tiens ! tiens !), et Lecoq, et Audran, et Serpette (Diable !), et tant d'autres génies? » telle est la question que me pose un excellent homme qui signe à soi tout seul un groupe d'artistes français et d'abonnés aux concerts du Conservatoire. « Tu as raison, idiot, de comparer cet em... de César Franck à Bach et à Beethoven!... Ça, c'est le pavé de l'ours!... Tu ne sais donc pas, espèce de c..., que ce sont les musiciens les plus rasants du monde!... Et c'est juste, puisqu'ils sont aussi des ennemis de la Patrie, des *mangeurs de choucroute !* » J'en passe, et de plus anonymement pittoresques, encore !

Ah! braves gens! braves gens! ne seriez-vous point les glorieux débris de cette héroïque armée des marmitons — mobilisée par de généreux compositeurs français, et à la solde de leurs éditeurs — qui voulut prendre d'assaut l'Eden, un soir de patriotique enthousiasme et de revanche sublime, et qui jeta des pommes cuites au cygne aimé de Lohengrin ?

***

Il y eut aussi des modérés, car, enfin, tout le monde ne peut atteindre ce paroxysme de l'exaltation admirative. Je reçus quantité de petits papiers bleus, jaunes, verts, roses, où parmi les amers reproches, les regrets mélancoliques de mon incartade, les mordantes ironies, la vie de M. Gounod m'était contée. Et malgré tout ce qu'ils renfermaient de poliment blessant pour mon amour-propre, je pris à ces contes un plaisir extrême. Gounod, m'apprenait-on, était la bien-veillance même. C'était quelque chose comme un saint. Il appelait à lui les petits compositeurs, les encourageait, les sortait — avec quelle bonté paternelle! — de la misère et de l'obscurité. « Les musiciens d'aujourd'hui lui doivent tout, situation, fortune, génie! » m'affirmait-on. Il avait pour juger leurs œuvres, même les plus mauvaises, des grâces infinies et d'incomparables charités! Toutes ses sévérités, il les réservait pour les grands, pour les forts, dont il supportait mal la gloire à côté de la sienne. Et quel esprit délicieux, original, enthousiaste, qui savait tou-jours trouver le mot juste dans une forme imprévue et qu'on retenait!

Un soir, M. Gounod disait :

— Ah! *Parsifal*!... Eh bien! si *Parsifal* est réellement de la musique, non, je ne sais pas alors ce que c'est que la musique!

Jugement imprévu, en effet, et même stupéfiant et que n'eussent jamais osé proférer M. Camille Saint-Saëns et M. Jules Massenet qui passent, cependant, pour ne pas avoir été tendres, toujours, envers Wagner!

— Un autre soir, dans un salon, Mme X...,
femme de charme rare et de rare esprit, demandait à M. Gounod :

— Comment trouvez-vous la musique de Bizet,
cher maître ?

— Mais, chère madame, je la trouve... comment vous exprimer cela ?... je la trouve...

Et il semblait chercher ses mots, avec le mouvement de ses lèvres, le geste de ses mains, avec
ses yeux malicieux, où se lisait, trop clairement,
le désir d'étonner.

— Mon Dieu ! fit-il enfin, je la trouve... eh!
bien, voilà... je la trouve... *octogone !*

— J'allais le dire ! répartit vivement Mme X...
qui, se levant, laissa le cher maître fort penaud.

Mais où donc ai-je la tête à vouloir raconter
ces anecdotes mémorables, que tout le monde connaît, se répète irrespectueusement et dont on
ferait de si amusants volumes, et bien plus terribles pour la gloire du maître que tout ce que j'ai
pu exprimer.

*
* *

Je voudrais bien aussi dire un mot des critiques
musicaux — car il y a aussi dans cette affaire,
les critiques musicaux. En doutiez-vous? Les critiques musicaux me disent :

— Et de quoi vous mêlez-vous? Avez-vous seulement écrit la *Rédemption* ? ou *Parsifal*? ou
Tristan? ou la *Damnation de Faust* ? Compo-

sâtes-vous une symphonie, une sonate, un oratorio, une messe, ou même une opérette, ou encore une chanson pour la Scala, et des couplets joyeux pour la Gaîté-Rochechouart? Non, n'est-ce pas? Êtes-vous seulement capable de déchiffrer, au piano, la partition des *Maîtres chanteurs*, ou celle de *Sa Majesté l'Amour*? Pas davantage, avouez-le... De qui êtes-vous l'élève? De Reyer ou de Victor Roger? Nommez-le votre professeur! Alors, puisque, de votre propre aveu, vous n'entendez rien à la musique, pourquoi en parlez-vous? Beaudelaire aussi avait cette manie. Et ce qu'il a dit de bêtises, d'âneries, non, c'est tordant! Il avait également la manie de parler de peinture... Est-ce qu'il était peintre? Laissez-nous rire, laissez-nous pouffer de rire!... Or, vous n'êtes pas même Baudelaire... vous n'êtes rien du tout... Et vous vous permettez d'avoir, sur la musique de tel et tel, une opinion!

Des choses dont vous ignorez le premier mot et que nous ne sommes pas bien sûrs de connaître, nous dont c'est le métier, pourtant, de les connaître, auraient la puissance de vous émouvoir? C'est scandaleux, et vous dépassez les bornes de l'audace!... Ah! vous prétendez pleurer, ressentir des frissons, des secousses, de l'enthousiasme, à de certaines œuvres musicales et vous ne savez même pas si vos larmes, vos frissons et vos enthousiasmes sont en *ré* majeur, ou en *ré* mineur!... Voilà une étrange imposture!

Nous, monsieur, nous les critiques musicaux, nous étudions César Franck depuis plus de vingt ans, et nous n'y comprenons rien, rien rien !... Est-ce clair, cela ?... Et vous voulez nous faire croire que vous y comprenez quelque chose ? A d'autres !... Et nous vous disons encore ceci : « Comment, depuis des années et des années nous clamons, nous crions au public, dont nous nous sommes constitués les éducateurs : Gounod ! Gounod !... Il n'y a que Gounod !... C'est le seul génie ! » Et, maintenant, il faudrait que nous lui disions, à ce public : « Eh bien ! nous nous sommes trompés... Gounod n'avait pas de génie. C'est César Franck qui en avait, César Franck que nous avons nié, vilipendé ou simplement tué de notre silence obstiné et compétent ! » Franchement, de quoi aurions-nous l'air ?... Il ne s'agit pas d'être justes et, au fond, nous nous moquons de Gounod — bien que sa vulgarité nous réjouisse et que nous mirions dans la pauvreté de son inspiration ; — nous nous moquons de César Franck aussi... nous nous moquons de toute la musique... Mais le public, monsieur, le public !... Est-ce qu'il n'aurait pas le droit de nous reprocher notre stupidité ?... Et qu'arriverait-il — avez-vous songé à cette catastrophe ? — s'il lui venait, un jour, à l'esprit l'effroyable et inconcevable idée de douter de notre compétence ?

Et je répondrai aux critiques musicaux :

— Chers et honorables messieurs, hélas ! non,

je n'ai pas écrit la *Rédemption*, pas même la *Tétra-
logie*, et vous chercheriez vainement une sonate
dans mon œuvre si inutile, et si humble!... Je
ne suis pas davantage Baudelaire, le grand et
douloureux Baudelaire, qui, pour n'avoir pas été
un critique musical, et pour être demeuré, seulement, un poète, n'en a pas moins écrit sur la
musique, et sur Wagner, d'admirables et fris-
sonnantes pages et comme vous n'en écrirez
jamais, chers messieurs... Je ne suis rien du tout,
vous avez raison... Je ne suis qu'un pauvre
homme qui va dans la vie, tâchant de voir, de
sentir, de comprendre et d'aimer, oui, chers et
honorables messieurs, — pardonnez-moi ce ridicule, — d'aimer des choses dont vous ne soupçon-
nez pas, dont vous ne soupçonnerez jamais la
beauté, et dont il vous suffira de savoir qu'elles
sont en *ré* mineur, ou en *sol*, ou en *do*... Et si...

Mais je sens que je vais encore me fatiguer à
de vaines paroles... Et puis, un ami, qui n'est
pas un critique musical, mais qui est un poète,
encore! excusez-le ! — me joue, sur le piano, les
— *Béatitudes*... Je ne vous répondrai pas du
tout...

(Le Journal, 17 anvier 1897.)

SUR FRANZ SERVAIS

Il n'y avait plus rien à dire sur Franz Servais,
après l'émouvante et juste page dont, au lendemain de cette affreuse mort, s'honora, ici-même,
M. Catulle Mendès. Au risque de diminuer par
des phrases trop tardives et sans doute répétées
le portrait attendri qu'il nous en donna, je ne puis
me résoudre à laisser partir, sans lui adresser
quelques paroles douloureuses et fraternelles, celui
qui fut le plus noble des hommes et, je le dis avec
une tranquille certitude, où s'accordent étroite-
ment mon amitié et ma raison, et par quoi s'ag-
grave aussi mon deuil — un des plus parfaits, un
des plus considérables artistes de cette époque.

La vie de Franz Servais a quelque chose qui
étonne et qui nous laisse, aujourd'hui qu'il n'est
plus, entre ces deux sentiments également poi-
gnants, une grande pitié et une grande admiration. Pour bien comprendre et faire comprendre
à ceux qui l'ignorent tout ce que cette vie-là —

unique en ce temps de hâte et de fièvre mauvaise — eut de vraiment tragique et de supérieurement beau, il faut se reporter aux premières années de la jeunesse de Franz Servais.

Personne ne commença la vie avec autant d'espérance, sur un chemin mieux aplani. Héritier d'un nom célèbre dans toute l'Europe et populaire en Belgique, allié à une famille où le culte de l'art était la grande affaire et la seule affaire, lancé dans un monde où, tout de suite, il avait conquis des amitiés illustres, portant fièrement, lui aussi, entre les quatre os du front, l'étoile magique du génie, il semblait qu'il eût tout, et que tout allait lui arriver, sans secousses, sans déceptions, sans luttes, par la force de la gloire acquise, gloire à laquelle on se sentait d'une âme à ajouter beaucoup d'autres gloires, et encore plus rayonnantes... Energique et doux, enthousiaste et volontaire, beau et tendre, fastueux et loyal, il avait toutes les forces, toutes les séductions, toutes les intelligences, toutes les bontés. Mais il avait aussi toutes les illusions des cœurs purs, des cœurs trop aimants, trop aimés, trop heureux.

Trop heureux !

A vingt ans, je crois, Franz Servais remporte le Prix de Rome et quitte Halle, sa ville natale, pour l'Italie. Là, il travaille avec allégresse, avec acharnement, dans la familiarité constante des grands souvenirs et des grands chefs-d'œuvre, et il achève une des plus fortes cultures classiques qui soient... Années de rêve, années de joie, années de confiance, dont il aimait à parler avec cette bonne humeur lyrique, cette verve abondante qu'il mettait, d'ailleurs, dans tout ce qu'il disait... De Rome, il revient avec la *Mort du Tasse*, une partition importante où sont, en fleurs, déjà, beaucoup de ces admirables qualités, de ces dons merveilleux qui s'épanouiront pleinement dans l'*Apollonide*... En cette œuvre de début, mais choyée, caressée, son idéal, très précis, s'affirme par des lignes simples, souples, très pures, par une inspiration haute et claire, des idées amples et variées, où nous retrouvons, comme chez Gluck, son maître d'élection, l'émouvante grâce, la science impeccable, l'ordonnance architecturale de la beauté grecque, et l'amour sublime de la vie, qui fait de l'art antique comme une seconde création **du monde..**

Retour triomphal... Ivresse du travail récompensé !

La Belgique, fière de ce génie naissant qui lui appartient, et qui va continuer en l amplifiant, le génie paternel, lui fait fête... On l'acclame comme un jeune héros. Partout, sur toutes les scènes, dans toutes les salles de concert, les orchestres exécutent, au milieu d'un grand enthousiasme, la *Mort du Tasse*... De France, d'Allemagne, arrivent au jeune compositeur les plus précieux encouragements... C'est la consécration, c'est la gloire !

Hélas !... C'est la lutte aussi qui va commencer,

cette lutte terrible, harcelante, qui, désormais, sans
un répit d'amertumes violentes en déceptions
douloureuses, de pauvretés en misères, d'humilia-
tions en refus, le mènera jusqu'à la mort... Lutte
qui peut terrasser son corps, pourtant si robuste,
mais qui, par un prodige vraiment émouvant,
laissa son âme intacte, pure de toute haine, et, aux
jours les plus sombres, au fond des plus noires
détresses, toute fleurie de bontés vivaces et d'espoirs nouveaux !...

J'ai lu une lettre que Franz Servais, au plus
fort de cette lutte, écrivit à l'un de ses plus chers
amis. Il avait reçu d'un grand éditeur de musique
une proposition à peu près acceptable ; acceptable
en ceci que, par extraordinaire, on ne le dé-
pouillait pas complètement de son œuvre. L'occasion était trop rare et à ce point sublime que le
pauvre grand artiste ne pouvait croire à tant de
générosité. Il ne s'agissait plus que de signer un
papier. Rendez-vous était pris : « Je n'ai pu aller
au rendez-vous, écrit-il... Au dernier moment, je
me suis aperçu que mes plus belles bottines étaient
toutes crevées et qu'elles bâillaient par le bout,
comme des museaux de carpes... Tu vois d'ici la
figure du bon éditeur au spectacle de mes bottines,
son repentir de m'avoir offert un peu d'argent, et
comme il eût déchiré le traité... Il faut attendre une
meilleure chance. »

Cette meilleure chance, on crut qu'il allait enfin
la tenir, avec l'*Apollonide*.

Liszt aimait Franz Servais comme un fils. Il avait guidé sa jeunesse à travers la vie périlleuse, excessive des artistes. Il entourait maintenant son génie, en lequel il avait foi, de toutes les tendresses dévouées, de tous les soins délicats dont un jardinier entoure une plante rare. Il lui conseilla d'entreprendre une œuvre de longue haleine, un grand drame lyrique, et d'en chercher le sujet parmi les admirables poèmes de l'antiquité. Ce fut Liszt qui, en lisant Euripide, lui indiqua la fable d'Ion, fils d'Apollon. Franz comprit aussitôt tout le parti qu'il pouvait tirer de ce beau thème et, avec son imagination, toujours prête à l'enfantement, il l'agrandit, le développa, et inventa de la première à la dernière scène le drame de l'*Apollonide*. Se sentant incapable d'écrire de la belle musique sur de viles paroles, il ne pouvait lui venir à l'esprit de s'adresser à un vulgaire fournisseur d'opéras. Il alla trouver Leconte de Lisle avec un scénario tout fait et tout entier rédigé de sa main. Leconte de Lisle reçut d'abord fort mal le jeune compositeur : il détestait qu'on lui imposât une besogne, surtout une telle besogne... Mais Franz avait de l'éloquence, une séduction si entraînante, une si ardente conviction, que Leconte de Lisle finit par céder. Il écrivit l'*Apollonide*. Le poème était correct, d'une belle langue robuste, certes, avec de beaux vers, çà et là, mais froid et glacé. Il ne plut pas au musicien, qui le voulait débordant de vie, avec de la passion, des cris, de

l'âme enfin !... Dix fois Leconte de Lisle dut recommencer le poème, presque sous la diclée de
Franz. Et c'est au point que l'on peut dire de
l'*Apollonide*, drame, qu'il est bien plus de Franz
Servais que de Leconte de Lisle... J'ai tenu à raconter cette anecdote pour montrer que Leconte
de Lisle n'était pas toujours aussi farouche qu'on
le disait, et pour donner aussi une idée des scrupules, de la conscience d'artiste de Franz Servais.

On connaît l'histoire tragique de celle œuvre, à
l'accomplissement de laquelle Franz Servais dé-
pensa quinze ans de sa vie. Œuvre énorme et
magnifique, où l'auteur s'est mis tout entier, où il
a prodigué plus d'inspiration, plus de science,
plus de beauté, que d'autres — et des meilleurs
— dans vingt de leurs œuvres. Le métier en est
sûr, souple, très sobre, très ample, sans aucun
artifice, sans nulle tricherie. Rien n'est éludé ;
chaque syllabe du poème a son répondant mélo-
dique. Œuvre parfaite et grandiose, œuvre d'une
âme d'élite où sont peintes, magistralement, toutes
les passions humaines, évoluant autour de ce
sublime thème central : l'amour maternel !...
Œuvre que Racine eût aimée, que Beethoven et
Gluck eussent admirée, et devant laquelle le grand
Liszt eût pleuré de joie, en écoutant chanter ce
clair génie qu'il avait promis au monde !

Eh bien ! l'*Apollonide* n'est pas représenté. Cette
œuvre, qui a des répondants illustres et d'augustes
patronages, va de théâtre en théâtre, de France en

Europe, refusée. Après mille déboires, on la joue, enfin, au théâtre de Carlsruhe. Elle est acclamée ; donc elle est sauvée !

Elle est perdue !... Ah ! depuis cette triomphale soirée, sans lendemain, hélas ! quelle marche au Calvaire recommence pour le pauvre Franz Servais !... Promesses éludées, indifférence, refus brutaux, il a tout à souffrir, tout à endurer... Et la misère vient, plus lourde, plus âpre, plus harcelante... Ce sont les jours noirs, les luttes, les longues détresses, sans une lueur dans cette nuit qui de plus en plus s'épaissit... Mais Franz a la foi... Il a cette folie sublime de l'artiste qui tient lieu de pain, de feu, de vêtements, et qui, du plus sombre désespoir, fait surgir, toujours rayonnante, l'espérance ! Et il a raison d'espérer !... Voici que le grand-duc de Saxe-Weimar veut réparer cette injustice... Il veut être pour Franz Servais ce que Louis de Bavière fut pour Wagner... Tout est prêt !... Il meurt... Et, à quelques jours de distance Franz meurt aussi... C'est la mort qui va se charger de réparer toutes ces cruautés et toutes ces persécutions de la vie !...

Ce en quoi Franz Servais est, peut-être, plus encore que par son immense talent, un artiste véritablement à part, dans ce temps où les influences ont tant de force sur les hommes, c'est, dans la fidélité absolue, intransigeante et fermement raisonnée qu'il conserva à ses idées. Il alla droit son chemin, sans se laisser distraire de son idéal par le succès des autres et par la mode. Rien ni per-

sonne ne pouvaient prévaloir contre la forte personnalité qui était en lui, qui était lui, comme la
chair était sur ses os, comme le sang était dans
ses veines, comme le malheur, hélas ! était dans
sa destinée... Il fut peut-être le seul à qui Wagner
lui-même n'apporta que de grandes joies d'artiste,
sans le détourner de son rêve... Il avait connu
Wagner et Wagner lui avait marqué — chose
rare — de l'amitié et de l'estime. Dans un voyage
qu'il fit à Munich, et dont il avait des souvenirs
extraordinaires, il avait, pour ainsi dire, vécu dans
l'intimité du « Dieu ». La retentissante gloire de
Wagner affolait tout le monde alors, révolution-
nait toutes les esthétiques. Même ceux, comme
M. Saint-Saëns et comme M. Massenet qui faisaient
au maître allemand une guerre sourde et rageuse,
ne s'en appropriaient pas moins, autant qu'ils
pouvaient, sa méthode, et tentaient de rajeunir
leurs œuvres menacées à cette source nouvelle,
torrentueuse et féconde. Franz Servais, lui, admira,
s'enthousiasma pour cette musique rénovatrice,
qui était plus et autre que de la musique, qui se
présentait avec la force conquérante d'un élément,
avec le fracas d'un cataclysme... Mais son amour
pour le divin Gluck, ainsi que sa conception de
l'art, ordonnée, nuancée, aux lignes si pures, aux
accents si profondément humains, sa certitude que
la musique ne doit être que de la musique, ne
s'exprimer que par de la musique, n'en furent
pas une minute diminués, ni nullement altérés. Il
poursuivit son œuvre tranquillement, sereinement,

avec la même confiance, comme si un grand orage n'avait pas bouleversé le ciel de l'art... Non qu'il fût réfractaire à cette nouveauté — personne, mieux que lui, n'en sentait l'élan sublime, la puissance ardente et passionnée — car il avait l'esprit ouvert à toutes les beautés — mais il garda invinciblement le culte de celle qu'il avait choisie, et à qui rien ne pouvait faire qu'il ne lui vouât toute sa vie d'artiste et de créateur.

Il a eu raison, ce pauvre Franz Servais, il a eu raison jusqu'à l'horrible souffrance, jusqu'à la misère, jusqu'à la mort, car rien ne peut faire que l'*Apollonide* ne soit, et ne soit une œuvre capitale, avec laquelle les directeurs de théâtre, les marchands de spectacles devront compter... Elle est, et elle vit d'une vie d'autant plus héroïque, que celui qui la créa, la baigna de toutes ses larmes et de tout son sang... Malgré eux, malgré leur ignorance, malgré leur lourde stupidité, elle s'impose à leur attention... Les chefs-d'œuvre du genre de celui-là peuvent attendre, mais un jour, fatalement, invinciblement, ils arrivent à la lumière, du fait même de cette lumière immortelle qu'ils portent en eux... Oh ! je suis bien tranquille... Les directeurs se la disputeront bientôt, avec la même âpreté unanime qu'ils mirent à l'ignorer ou à la refuser...

Hélas ! il ne serait plus là, pour goûter la joie amère, hautaine et farouche de son triomphe !

(*Le Journal*, 27 janvier 1901.)

L'OPÉRETTE

L'autre jour, au petit théâtre des Mathurins, j'assistais à la représentation de deux opérettes : la *Fiancée du Scaphandrier* et *Au temps des Croisades*. Toutes les deux, elles sont, comme on dit aux premières, pour le poème, de M. Franc-Nohain ; pour la musique, de M. Claude Terrasse. Et ce sont deux œuvres délicieuses, d'une fantaisie très vive et originale, d'un esprit distingué et joli ; et elles apportent, vraiment, à cette forme d'art, délaissée depuis qu'il n'y a plus personne pour la faire revivre, comme un rajeunissement de joie, comme un renouveau de vie pimpante et chantante...

Je les signale aux directeurs de théâtre, à ces pauvres directeurs de théâtre, dont la plupart ne savent plus ce qu'ils font et où ils vont, et qui cherchent dans le tas cette chose introuvable et chimérique : la pièce gaie, laquelle, généralement, vous renvoie du théâtre chez vous, morne, gâteux, et tout meurtri, comme si vous veniez de recevoir, sur le crâne, cent coups de bâton, et cent baquets d'eau glacée.

La seconde de ces pièces, *Au temps des Croisades*, a été interdite par la Censure. Mais rassurez-vous, on la joue tout de même, grâce à un artifice légal que le Code n'avait pas prévu, car, en somme, disons-le, il n'avait pas prévu grand'chose, ce pauvre Code, et pour peu que l'on ait de l'ingéniosité et du savoir-faire, on doit toujours se moquer de lui et passer, sans la moindre écorchure, à travers les mailles du filet qu'il nous jette... Enfin, la pièce n'en est pas moins interdite, et je me demande pourquoi avec stupéfaction, surtout lorsque je compare ce que l'on autorise avec ce que l'on interdit... La pièce de M. Franc-Nohain est alerte, joyeuse, nullement obscène, pas même polissonne, d'une grâce franche et leste, et savoureuse comme un vieux conte, comme un conte de Balzac, d'où elle est tirée, d'ailleurs. Et si je comprends que les mères bourgeoises, caparaçonnées d'adultères et de respectabilité, n'y conduisent pas leurs filles, qui peuvent tout faire et ne doivent rien savoir, je déclare que, hormis ces dernières, tout le monde y prendra un plaisir délicieux et sans remords... Sans remords, parfaitement, ô bon Tartuffe !... Elle n'a rien de corrupteur, cette pièce, rien de salissant, je le jure, rien qui puisse amener la rougeur au front des pires

« salauds », qui sont, en général, les plus farouches défenseurs de la vertu et de la morale.

Je me souviens — excusez ce souvenir personnel — avoir rencontré quelques jours après la publication d'un de mes derniers livres, un bonhomme, vieux déjà et décoré !... Son métier, dans la vie, consiste à fournir de couplets les cafés-concerts et les revues des bouisbouis extérieurs et suburbains... Ah ! c'est un beau métier ! Tout ce qu'il peut accumuler d'ordures, d'allusions malpropres et, du reste, stupides, dans l'espace de dix vers, c'est quelque chose d'inimaginable... Il m'aborde, le sourcil froncé, la bouche pleine de mépris... Et il me dit sincèrement, car l'effrayant de ces personnages, c'est qu'ils sont sincères :

— Mon cher, je ne sais si je dois vous serrer la main... Ah ! non, mon cher !... Vraiment, votre dernier livre ?

— Eh bien, quoi ?

Le brave homme, d'un geste infiniment pudique, se voila la face avec un journal qu'il tenait à la main... et il répondit :

— Comment... quoi ?... Votre dernier livre !... Ah ! non ! Si j'avais été le gouvernement, je l'aurais saisi... saisi... vous entendez !... je l'aurais brûlé... brûlé !... Je ne suis pas bégueule, moi... sapristi !... et je comprends les choses... et je me vante d'être un Gaulois... un vrai Gaulois !... Mais, ça ? Ah ! non... ah ! non !... Soyons spirituels... C'est évident !... Mais respectons-nous,

que diable !... respectons le public, en nous res-
pectant nous-mêmes !...

Et c'est toujours ainsi...

On m'a raconté que, mandé par la Censure,
M. Franc-Nohain eut la joie d'entendre qu'on l'in-
terpellait ainsi :

— Vous avez beaucoup de talent, mon cher
monsieur... et nous vous estimons infiniment...
C'est pourquoi nous interdisons votre pièce...
Nous l'interdisons, pour vous... Et vous nous
remercierez plus tard, mon cher monsieur,
quand vous serez en âge de comprendre... que
nous vous avons évité, ainsi, le déshonneur éternel... Car, n'en doutez point... ce serait le déshonneur éternel !...

Oh ! le cerveau des pornographes, des censeurs
et des collégiens !... que peut-il bien se passer
dans ces ténèbres-là !

*
* *

En même temps que je venais d'assister à la
représentation des opérettes de MM. Franc-Nohain
et Claude Terrasse, je finissais de relire le théâtre
de MM. Meilhac et Halévy. Et je constatais que ce
qui restait de toujours jeune, de toujours bien vivant, en dépit du temps et des modes, c'étaient
leurs opérettes, bien plus que leurs comédies.
Quelques-unes de ces comédies, qui furent accla-
mées jadis, me fatiguaient d'être si vieillies, et je
retrouvais, au contraire, intacte et brillante, dans

les opérettes, toute leur vitalité originelle. Le temps a passé sur elles sans les faner, sans y mettre de rides. Et je me disais que, par exemple, les *Brigands*, *Barbe-Bleue*, et même la *Belle Hélène*, et aussi la *Grande Duchesse*, n'étaient pas loin d'être des chefs-d'œuvre, et durables... malgré le style lâché et la prosodie trop facilement chansonnière... Quelle grâce inventive et hardie, quel esprit irrespectueux et frondeur, quelle source de fine et joyeuse satire !... quels traits de comédie... de grande comédie lyrique, sous le décor bouffe et l'outrance de la fantaisie !... A cette époque de silence et d'asservissement, on ne pouvait pas parler au théâtre, pas plus que dans le livre et dans la presse. Moins encore qu'aujourd'hui il était permis de railler certaines mœurs, certaines institutions. Et, pourtant, je me demande si le gouvernement républicain n'eût pas considéré la *Belle Hélène* comme une attaque à la religion, et la *Grande Duchesse* comme une attaque à l'armée. Par une tolérance singulière et qui étonne, ce que l'Empire interdisait dans la comédie en redingote, il l'autorisait dans l'opérette à falbalas... cette opérette qui promenait, à travers des pays imaginaires ou des temps reculés, sous des costumes d'une irréalité bouffonne, une action contemporaine, plus dangereuse d'être ainsi universalisée. Mais comprenait-il ce qu'il y avait de solides coups de pioche sous les déhanchements du chahut et de grondement révolutionnaire dans ce rire ?...

Aussi, la comédie proscrite se réfugiait dans
l'opérette... Quand elle est ainsi comprise, l'opérette est une forme d'art charmante et utile, et
profondément éducatrice de l'injustice de nos
lois et de la folie de nos institutions... Et il est
très malheureux qu'elle ait été abandonnée, depuis Meilhac et Halévy, renforcés du prestigieux
Offenbach, aux simples fabricants de vaudevilles
et aux pitres.

Mais MM. Franc-Nohain et Claude Terrasse
peuvent la faire revivre. Il ne leur manque que
l'aide et la bonne volonté intelligente des directeurs de théâtre... Est-ce que les Variétés, où elle
triompha victorieusement, ne semblent pas destinées à nous redonner cette résurrection ?... Est-
ce que M. Samuel ne commence pas à se fatiguer du banal spectacle de ses revues ?... Est-ce
qu'il n'a point de remords d'employer les admirables artistes qu'il a à d'aussi inutiles beso-
gnes ?... On demande des opérettes... mais des
opérettes qui nous disent ce que la comédie est
impuissante à dire, et ce que le public ne veut pas
entendre !...

Ce n'est pas aux lecteurs du *Journal*, où il pro-
digue sa verve intarissable, que j'apprendrai l'écrivain exquis, ingénieux, sans cesse inventif,
qu'est M. Franc-Nohain. Franc-Nohain est un
poète, et un poète comme il faut les aimer. Il ne
va pas chercher son inspiration dans les vieilles
mythologies... Il la trouve en soi, et dans les

choses, dans les mille choses qui l'entourent et qu'il traverse, de son regard rieur, mais averti... Il a de la réalité aiguë et du lyrisme, du sentiment et de l'ironie, de l'imprévu, un charme de fantaisie exceptionnelle et distinguée...

Claude Terrasse, c'est de la joie... de la joie déferlante, débordante... Il y a en lui une source de comique bouffe, comme nous n'en avons plus l'habitude depuis Offenbach... Et, chose extraordinaire, il sait son métier de musicien infiniment mieux que beaucoup de graves personnages cravatés de blanc, qui nous symphonisent le néant et qui nous tuent de l'ennui des drames lyriques en cinq actes... Mais ce n'est pas seulement de la joie... c'est aussi du lyrisme, qui peut nous émouvoir aux larmes et nous terrifier, et qui peut conduire la farce jusqu'au point où elle devient grande et presque sublime, jusqu'à l'épique !

Voici donc une collaboration qui pourrait devenir illustre.

On demande des opérettes !...

(Le Journal, 2 février 1902.)

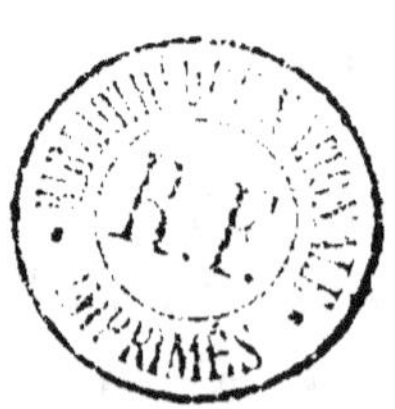

TABLE DES MATIÈRES

Musique

IMP. JOUVE ET Cie, 15, RUE RACINE, PARIS. — 5943-24